ぎふ清流国体

栗山GMのレガシーづくり

栗山利宏

大垣ミナモソフトボールクラブGM
日本女子ソフトボールリーグ機構所属

Building the Legacy

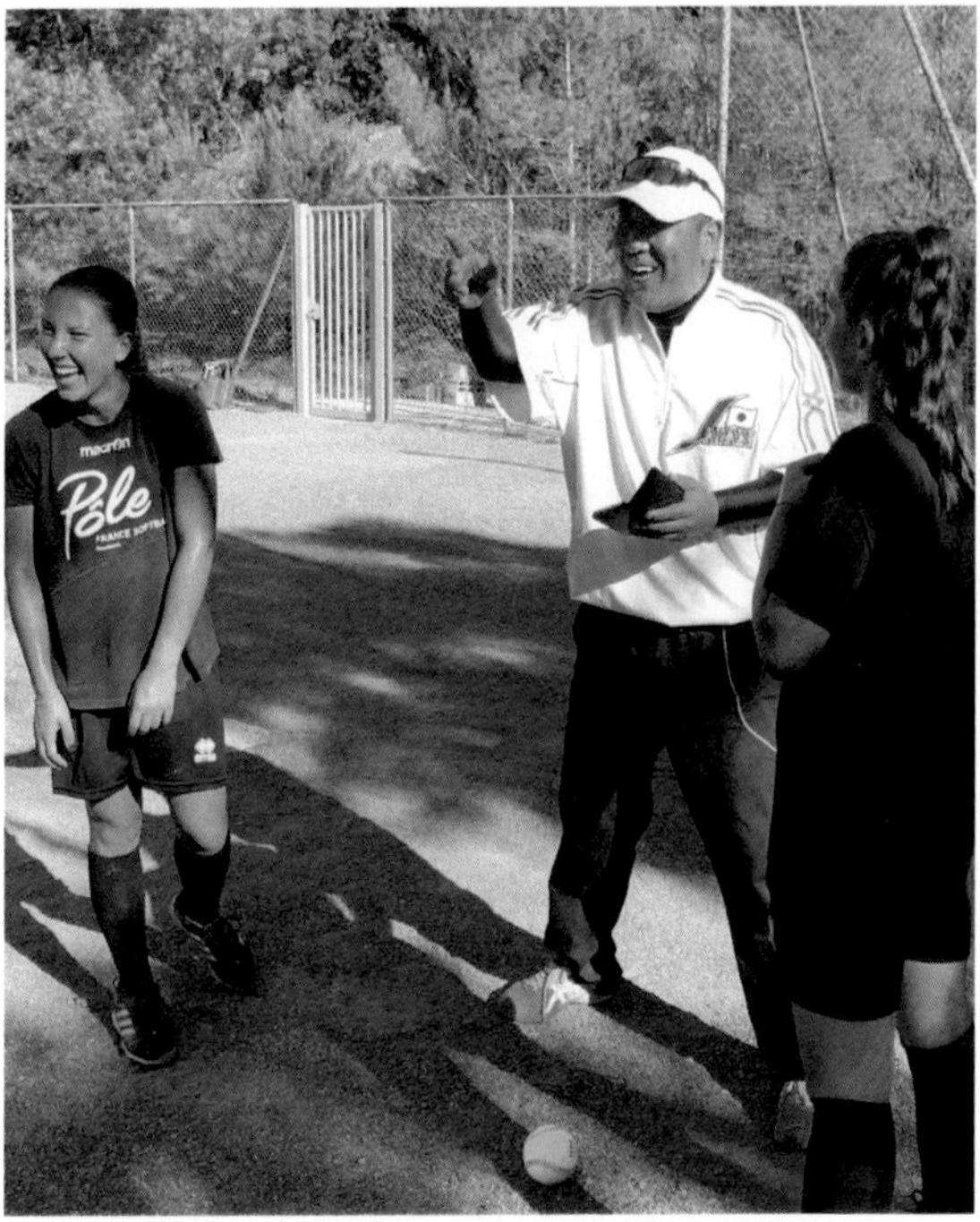

フランス野球ソフトボール連盟の招きでフランス女子
ソフトボールチームを指導（2018年9月）

待望の1部リーグ昇格。ナゴヤドーム（現バンテリンドームナゴヤ）で
開幕を迎える（2018年3月）

還暦（60歳）を記念に試合用の赤い帽子をかぶり試合にのぞむ（2021年6月）

東京オリンピックソフトボール競技テクニカルコミッショナーとして参加する（2021年7月）

JD リーグ元年、地元で強豪チームを大逆転により劇的勝利を飾る（2022 年 4 月）

毎年恒例の新年必勝祈願（2022 年 1 月）

素描

本書は岐阜新聞「サンデーコラム」（２０１１年10月2日～２０１７年9月17日）、「サタデーコラム」（２０１７年12月9日～２０２２年9月3日）、「素描」（２０１１年3月3日～同年4月28日）ほかを収録。新聞掲載日を文末に記しました。

はじめに

ぎふ清流国体開催から10年の時が流れた。ぎふ清流国体前の２０１１年から岐阜新聞サンデーコラム（途中からサタデーコラムに名称変更）の執筆を担当させていただいた。こちらは12年間という長きにわたった。主に国体を契機に設立した大垣ミナモ（女子ソフトボールチーム）や国体そしてスポーツの持つ力などについても触れた。多くの方々にご高覧いただいた。およそ3カ月ごとに執筆の順番がやってくる。なかなか思うように筆が進まず、掲載に耐えられない文章しか書けないと落ち込むことも少なくなかった。原稿締め切りの前日の深夜、急にスイッチが入ってことなきを得たこともあった。

今回、多くの方から本にしてはどうかとの声をいただいた。お世辞半分だったであろうその声に、身のほど知らずが身上の私がその気になり出版にいたったものであります。

今でもぎふ清流国体のレガシーとして活動を続ける大垣ミナモ愛とスポーツが持つ魅力を多くの方に伝えたい気持ちは誰にも負けないと自負しています。「ぎふ清流国体・大会」に関わった多くの方だけでなく、「スポーツの持つ魅力」をどう地域活性化につなげていけるかを考えている方にもご高覧いただければ幸いです。

最後になりましたが、拙著の出版にあたりご尽力いただきました岐阜新聞情報センター出版室の方々はじめ関係者の皆様に心から感謝を申し上げます。

２０２２年（令和４年）12月

大垣ミナモソフトボールクラブ

ゼネラルマネージャー　栗山　利宏

岐阜から感動発信を

「今ほど、スポーツの持つ力を必要とされている時はありません。私たち選手は全力でプレーすることで、日本中に元気と勇気を届けたいと思います」。大垣ミナモソフトボールクラブ主将が大垣市で開催された大会の選手宣誓で力強く語った言葉だ。

「スポーツが持つ力」。東日本大震災後、多くの人々から発せられている言葉。私も、スポーツの持つ力が多くの人々に元気や勇気を与えられると信じている一人だ。今年の日本は、3月に起きた東日本大震災に始まり、自然災害が例年になく多い。何とも言えない不安感が私たちの心を覆っている。私の周りの人から笑顔が減っているのも事実だ。

私は現在、来年に開催されるぎふ清流国体ソフトボール競技の強化に携わっている。47年ぶりに県内で開催される国民体育大会。天皇杯・皇后杯獲得への期待は高い。競技関係者にとって、地元開催の国民体育大会での天皇杯・皇后杯獲得は至上命題だ。加えて、来年のぎふ清流国体では、もう一つ果たすべき大切な役割がある。選手が全力でプレーすることを通して、日本中に元気や勇気、そして感動を与えること。スポーツの持つ力を岐阜から日本中へ、世界へ発信することだ。

ぎふ清流国体が開催される来年の今頃は、東日本大震災からの復興も進み、日本再生へと大きな歩みを示している時期だ。国民体育大会は国内スポーツの最大イベント。こうした場で、スポーツの持つ力をアピールすることの意義は大きいはず。日本中から集まったトップアスリートが全力でプレーに打ち込む姿こそ、スポーツが持つ力を発揮させる源泉だ。

スポーツは、世代を超えて心を一つにできるものだ。例を挙げるまでもないが、女子サッカーの「なでしこジャパン」の活躍が、多くの人々に感動や笑顔を与えた。「なでしこジャパン」が勝利した翌日、私が顔を合わせる人たちの中には、いつもと比べて笑顔が多いような気がした。

今日から、今年の国民体育大会の競技が山口県で始まる。本県選手たちの活躍を期待したい。今年7月に私の前で本県出身の東北楽天イーグルスの嶋基宏選手が、語ってくれた言葉を思い出した。「見せましょうスポーツの力を。岐阜の底力を」。本県選手への力強い応援メッセージだ。今日で、ぎふ清流国体総合開会式まであと363日。

（2011年10月2日）

地域の絆、一層強固に

今年もあと10日余り。「絆」について考えた一年であった（と書き始めたところで、今年の漢字が「絆」になったとのニュースに接する）。東日本大震災をはじめ全国各地で起きた自然災害。多くの尊い命が失われた。避難所生活を強いられた人も数多くいた。

実は私も避難経験がある。1976年の9・12豪雨災害の時のこと。長良川が決壊し、自宅からの避難を強いられた。数日間であったが、近所の人たちと寝食を共にした。当時、私は中学3年生。受験生だった私に多くの人たちが気を遣ってくれた。中学生というまだ子どもだったからか、他人と暮らしているという感覚はなかった。当時を思い返せば、近所ではしょうゆなどの調味料の貸し借りや料理のお裾分けを頻繁に行っていた。いわゆるご近所さん付き合いが盛んに行われていた。故に、避難生活も他人と暮らしているという感覚がなかったのではないか。そんなことを考えながら来年に思いを巡らす。

2012年は、いよいよぎふ清流国体・大会が開催される。県政史上最大のスポーツイヤーの幕開けだ。多くの人たちが未曾有の災害により、忘れかけていた人とのつながりの必要性をあらためて感じさせられた。今度は、ぎふ清流国体・大会というビッグイベントを契機に地域の絆づくりを行う番だ。

少々古い資料で恐縮だが、内閣府発行の06年版国民生活白書では、地域のつながりが生まれるきっかけを次の三つに区分している。一つ目は「ある場所に居住し生活することで生まれるつながり」、二つ目は「地域の地縁組織に参加することで生まれるつながり」、三つ目は「特定の目的を果たすために設立された組織に参加することによって生まれるつながり」。三つ目に挙げられている特定の目的を果たすために設立された組織が、ぎふ清流国体・大会の多くの開催地で結成されている。いずれも、訪れる選手や応援者などを「ギフ流のおもてなし」でお迎えしようというもの。すでに今年開催されたリハーサル大会で、多くのおもてなし部隊が活躍した。

来年1月から始まる冬季競技会開催地の恵那市や高山市でも、自治会などをベースにしたおもてなし部隊が活動する。こうした活動が地域の絆をより強固なものにするはずだ。地域の絆を再生することも、日本再生の一つ。ぎふ清流国体・大会の幕開けとなる冬季競技会まであと41日。

（2011年12月18日）

活力ある社会づくり

「冬季大会で、こんなに多くの人たちが来場し、地元が大いに盛り上がっている光景は、近年の大会では、珍しいですよ」。岡達生日本体育協会広報キャンペーン課長の言葉だ。岡氏は、1月のスケート競技会に続いて、スキー競技会にも視察のため訪れた。両競技会を通しての率直な感想だ。岡氏とスキー競技開催中に高山市内で食事をしながら語り合った。テーマを特に設定していたわけではない。しかし、時間の経過とともに「国体が社会に果たす役割」について熱く語り合った。

今、スポーツを取り巻く環境が変化し、スポーツへの新たな期待が生まれている。その期待とは、「スポーツの持つ価値や効用を引き出し、社会に貢献していくこと」。日本体育協会でも、現代社会におけるスポーツへの期待の一つに次のことを挙げている。「明るく活力ある社会づくりや地域コミュニティーの再生」。そんな話をしながら次のことを思い出した。スキー競技開始式会場でのこと。ボランティアの方が、地元産のかぼちゃスープを私に渡してくれた時の笑顔だ。雪が降りしきる寒さの中でも、あの笑顔とおもてなしの心が冷えた体を温かくしてくれた。

冬季競技会を開催した恵那市や高山市では、地元住民の方々が、ぎふ清流国体を応援しようといろんな取り組みをした。地域を愛するリーダーをつくる。まさしく地域コミュニティーの再生につながる取り組みだ。

ここで岡氏との話に戻す。「国体が果たす役割も、時代とともに変わってきている」と岡氏が話す。「社会がスポーツ（国体）に期待していることに、いかに応えていくかが重要な役割になってきているんですよね」と私が続ける。具体例を挙げて話す。少し前までは、国民体力の向上や生涯スポーツの促進といった期待があった。現在では、ストレス社会に力強く生きる人材の育成といった期待が加わる。少子高齢化や自殺・孤独死などといった現代社会における課題がその背景にある。

東日本大震災以降、「絆づくり」がいろんなところで語られている。ぎふ清流国体・大会の開催が、日本再生を内外にアピールする時期に重なった。このことを競技に関わる者としてしっかりと受けとめたい。両大会に関わる全ての人たちには、明るく活力ある社会づくりの役割を担うのだという心意気が必要だ。

岡氏が別れ際に話した。「9月の本大会も冬季競技会以上に盛り上がることを期待しています」。岡氏と語り合って以降、国体が社会に果たす役割は何かについて自問自答を繰り返している。今日で、ぎふ清流国体総合開会式まであと188日。


（2012年3月25日）

五輪で高まるスポーツ熱

今日で、ぎふ清流国体総合開会式まで97日だ。国体イヤーとして迎えた2012年。早いもので半年を過ぎようとしている。

最近、こんな質問を受けることが多くなった。「今年のロンドン五輪に、ソフトボール女子チームは出場するのですか」。国体イヤーであると同時にオリンピックイヤーでもあるのだ。残念ながら、ソフトボール競技は、今回のロンドン五輪実施種目から除外された。前回（2008年）の北京五輪では、悲願の金メダルを獲得した。「上野（由岐子）の413球」をご記憶の方も多いだろう。

当時を振り返る。オリンピック後のソフトボールへの注目ぶりはすごかった。球場には多くの観客が詰め掛け超満員。多くのメディアが取り上げた。秋に開催された国体でも、その過熱ぶりは続いた。この年の国体開催地は大分県だった。競技会場では、観客席が増設された。この現象は、ソフトボール競技会場だけに限らず、多くの会場で予想を超える観客が詰め掛けた。

ぎふ清流国体は、ロンドン五輪終了から約1カ月後の開催。ぎふ清流国体が大いに盛り上がるための追い風となるはずだ。オリンピックで繰り広げられる熱戦から生まれる「スポーツが持つ力」が、感動や元気や勇気を国民に与えてくれる。大分国体がそうであったように、メディアの取り上げ方も、おのずと大きくなる。思い起こせば、2000年に県内で全国高校総体（インターハイ）が開催された。この時も、シドニー五輪開催と重なった。スポーツへの関心が高まり、大会の盛り上げにつながった。

ぎふ清流国体は、東日本大震災後の日本再生を示すスポーツイベントになる。オリンピックで活躍した選手が、再び岐阜の地で競技を通じて感動を与えてくれるはずだ。被災地から出場する選手も、日頃の練習の成果を発揮してくれる。そして、天皇杯・皇后杯獲得を目指す岐阜県選手も最高のパフォーマンスをする。

こうした姿は、期待されるものではない。競技スポーツをする者の使命なのだ。オリンピック開催で、日本中がスポーツへの熱い視線を向ける中でのぎふ清流国体の開催。国体に向けて競技力向上に取り組む岐阜県選手に呼び掛けたい。「君たちには、大きな舞台が用意されている。最高のパフォーマンスで応えよう」。

（2012年6月24日）

声援で選手に勇気を

いよいよ、ぎふ清流国体の開幕だ。総合開会式は6日後の29日に開催。ひと足先に開催した水泳競技会は、少年男子平泳ぎに出場した山口観弘《あきひろ》選手が世界新記録を樹立し、大いに注目を浴びた。同時に、ロンドン五輪出場選手の参加により、観客席は連日の満員御礼だった。本大会開催前に、大きな盛り上がりを見せた。冬季大会から始まった国体イヤーのクライマックスの舞台は整いつつある。

そうした中で、大会が近づくとともに、岐阜県選手団の監督・選手には、程度の差こそあれプレッシャーが襲いかかっている。私事で恐縮だが、9月に入ってから、車の運転中に前を走る車両のナンバーが気になり始めてきた。お恥ずかしい話であるが、前を行く車のナンバーが試合のスコアに思えてしまうのだ。例えば、32－15なら、第1試合は3対2で勝ち、第2試合は1対5で負けだ。自然と、第2試合も勝てる数字の車両ナンバーを探してしまう。ぎふ清流国体に参加する岐阜県監督・選手の皆さんも、何かしらのプレッシャーと闘っている毎日のはずだ。

47年ぶりの岐阜県での国体開催。悲願の天皇杯・皇后杯獲得を目指して、厳しい練習に耐えてきた日々。今、岐阜県選手団の全ての人と思いを共有したい。私たちは、今まで多くの人の支えを受けながら、ぎふ清流国体に向けて、必死で練習に取り組んできた。国体まで遠い道のりだと感じたことも今となっては懐かしい日々だ。競技力の向上も全て計画通りに進んだわけではない。紆余《うよ》曲折の連続だったはず。勝てるのだろうか？と不安と闘う毎日。でも、私たちには、岐阜県民の熱い声援がある。水球競技での岐阜県チームの7位入賞は、地元の大声援が導いたことを、私は会場で目の当たりにした。

本欄をお読みいただいている方にお願いしたい。ぜひ、会場にお越しいただき、選手に熱いご声援をお願いしたい。皆さんからの声援が、プレッシャーを感じながら戦う選手たちに、大きな勇気を与えていただくことになるのだ。選手のプレーが、見る人に勇気と元気を与えるとよくいわれるが、選手も、声援によって勇気と元気をもらっているのだ。天皇杯・皇后杯は、選手たちだけで獲得できるものではない。県民の皆さんの力も必要としている。選手と県民の皆さんの絆を強く結びたい。そして、悲願の天皇杯・皇后杯獲得の感動を共に分かち合いたい。

（2012年9月23日）

国体後を考える

国体イヤーとして幕を開けた２０１２年は明日で幕を閉じる。「県民総参加」「天皇杯・皇后杯獲得」「県の未来に繋《つな》がる大会」の三つの目標を掲げたぎふ清流国体・大会。どの会場も多くの観衆が集まり、熱戦が展開された。

ボランティアの方を中心とする心温まるおもてなしは、選手団からも大好評だった。雪が舞うスキー競技会の開始式会場で食べた地元産のかぼちゃを使用したスープの味は、今でも忘れられない。会場やその周辺に飾られた何本もの両大会ののぼり旗が、歓迎ムードを高めた。他県から参加した顔見知りの競技関係者たちからも称賛の声を聞いた。両大会が、多くの方の記憶に残る歴史的な大会になったことは間違いない。

本題に入る。今回のテーマは、両大会の成功を振り返ることではない。県競技団体が、ぎふ清流国体で得たものを今後どう生かしていくのか、競技団体に属する者として考えたい。ここで参考とする法令を紹介する。２０１１年、国会議員立法により制定されたスポーツ基本法の基本理念に「地域において、主体的に協働することによりスポーツを身近に親しむことができるようにするとともに、スポーツを通じて、地域のすべての世代の人々の交流を促進し、交流の基盤を形成」とある。その基本理念を実行するための競技団体の努力が定められている。

ぎふ清流国体の運営を通じて、県内の競技団体は、大会運営に関するノウハウを数多く得た。審判員など競技役員の資質は格段に向上した。何よりも、国民体育大会という国内最大のスポーツイベントを成功させたという実績は何物にも代えがたい。この実績を地域におけるスポーツ交流促進の原動力にするのだ。

ソフトボール協会の例を示す。来年、国体会場となった大垣市や揖斐郡揖斐川町などに国際大会や日本代表合宿などを誘致し、地域の人たちと一流選手の交流を計画している。スポーツをする人と見る人、そして支える人たちとの交流の実現を目指す。もちろん、競技団体のみで成し得るものはでない。行政との連携・協働が必要であることは言うまでもない。

ぎふ清流国体を一過性のイベントにしない。この言葉をあらためて思い起こしたい。国体で得たものから何ができるのかを自問自答する毎日だ。来年の干支《えと》は巳《み》。「巳」という字には「始まる」という意味があるそうだ。県競技団体が新たなスポーツ交流の場を広げる年となることを期待したい。

（２０１２年12月30日）

感動を共有、絆深める

明日で東日本大震災から2年。被災地では今なお、多くの方々が避難生活など不自由を強いられている。私も、被災地を訪れ、被災者から窮状を聞いた。そして、心ばかりの支援もさせていただいた。一日も早い復興を願う。

今あらためて、スポーツが果たす社会的役割について考えた。ここで、被災地である宮城県東松島市の事例を紹介する。東松島市は、スポーツは地域コミュニティーの醸成に大きな力をもたらすとして震災前からスポーツイベントの開催に積極的だ。中でもソフトボール競技が非常に盛んで、私が2001年開催の「新世紀・みやぎ国体」に参加した時のソフトボール会場地でもある。宿泊は公民館を利用した民泊。試合には多くの自治会の方々が駆け付け、大声援を送っていただいた。今でも温かいおもてなしを忘れることはできない。

阿部秀保東松島市長は、ある対談で、震災時には民泊を利用された多くの方から救援物資が送られ、スポーツを通した絆の深さを実感したと話す。また、震災後に市を訪ねた一流スポーツ選手の爽やかさやひたむきに努力する姿に、多くの市民が元気づけられたとも話す。スポーツの持つ力が被災地の人々に活力や一体感を与えた事例だ。

現代社会の環境の変化とともにスポーツへ期待されることが変わってきている。国民体力の向上や生涯スポーツの促進から、明るく活力ある社会づくりや地域コミュニティーの再生へと変わってきた。東日本大震災以後、ますますスポーツへの期待が高まっていることは多くの人々が認識していることだ。

このコラムでもすでに触れたが、ぎふ清流国体・大会での心を込めた競技運営やおもてなしなどに携わった県民の働きは、明るく活力ある社会づくりに貢献できた。2011年に出された日本体育協会の「スポーツ宣言日本」の一節を引用する。「スポーツは、運動の喜びを分かち合い、感動を共有し、人々のつながりを深める。人と人との絆を培うこのスポーツの力は、共に地域に生きる喜びを広げ、地域生活を豊かで味わい深いものにする」。

われわれには、ぎふ清流国体・大会で得た貴重な財産がある。その財産を大切にして、県民の豊かで味わい深い生活の実現に結びつけたい。テレビからは、猪瀬直樹東京都知事の国際オリンピック委員会評価委員会でのあいさつを伝えるニュースが流れた。「開催を通じ、スポーツの持つ力や楽しさを、国民、そして世界中の人と共有したい」。スポーツの果たす社会的役割は大きく、重い。

（2013年3月10日）

福島で「感動」プレー

今、福島市で開催された日本女子ソフトボールリーグの試合を終え、大垣市に帰るバスの中にいる。早めの夕食をレストランで済ませた選手たちは、試合の疲れもあり爆睡中だ。本年度から、大垣ミナモソフトボールクラブ（大垣ミナモ）は、日本リーグに参戦した。15チームが在籍している2部からのスタートだ。現在の成績は、5戦2勝3敗。黒星先行。苦しい戦いを強いられている。

話を福島市の試合会場に戻す。試合終了後に、見知らぬ男性が私に近づいてきた。「岐阜から遠く離れた福島で、自分と同じ企業に勤める選手の、あきらめずにひたむきにプレーする姿に感動した」と満面の笑みで話しかけてきた。男性は、大垣ミナモの支援企業の福島支店に勤めている方だった。社内メールでの応援の呼び掛けに応じて同僚と会場に来ていただいた。言うまでもないが、福島市は東日本大震災の被災地だ。福島市での滞在中、「ただいま除染中」という看板を多く見かけた。大垣ミナモの選手が、応援に来ていただいた方々に元気を与えることができたと実感した。

東日本大震災後に、私自身も「スポーツが持つ力」について何度も言葉にした。しかし、この時の男性からの言葉はズシリと重く響いた。NHKアナウンサーの廣瀬智美さんの言葉を借りる。「私たちが、スポーツに魅了されるのは、日常生活の中で成し遂げたいと思っていることを、アスリートの方が実現されているからだ」。確かに、スポーツの現場においては「あきらめない」とか「支え合う」といったことが勝敗に直結する。どんな逆境でもあきらめない姿勢でのプレーが、見る人を感動させる。チーム全員が、声を掛け合いながらピンチをしのぐ場面は、見る人の心を熱くさせる。こうしたアスリートの姿が、多くの人たちに感動とか勇気を与えるのだということをあらためて感じた。

バスは、磐越自動車道から北陸自動車道を経由して、東海北陸自動車道を走り、ひるがの高原サービスエリアに立ち寄った。通算成績で負け越して弱気になっている私が、深夜の高原の冷たい風を爽やかに感じたのは気のせいだろうか。10月まで続く日本リーグの戦いは厳しく長い。「あきらめない」姿勢を忘れず戦うことを選手に伝えた。

次は、6月1、2の両日、神奈川県厚木市での戦い。見る人に勇気と感動を与える試合をしたい。福島の会場で出会った男性と同じような満面な笑みを、一人でも多くの人に見せてもらえるように。

（2013年5月26日）

2勝目を挙げ、応援に駆け付けた支援企業現地社員らと喜び合う大垣ミナモの選手ら（2013年5月19日、福島市十六沼公園スポーツ広場）

地域に愛されるチームに

今は、北海道から帰る飛行機の中だ。大垣ミナモソフトボールクラブは、北海道で開かれた第34回全日本クラブ女子ソフトボール選手権に出場した。結果は昨年に引き続き優勝、2連覇達成だ。

試合が行われた会場は、はまなす国体記念石狩市スポーツ広場。広大な敷地にソフトボール専用球場が4面。1989年開催の第44回国民体育大会（はまなす国体）のソフトボール競技会場地だ。国体を契機に、数多くのソフトボールを誘致している。旧知の北海道ソフトボール協会役員が自慢げに話す。「国体開催から四半世紀。関係者には、多くの大会運営に携わることにより、今なお国体開催時の熱い思いが受け継がれている」。そして彼は続けた。「多くの観客が詰め掛けた岐阜国体の成功体験をどう受け継がせていくのかが大事ですね」と。ぎふ清流国体にソフトボール競技役員として参加し、国体の盛り上がりを見ている彼の言葉は、私に課題を突き付けた。

本年度、県内では多くの全国大会が開催されている。ソフトボール競技を例に挙げると、揖斐郡揖斐川町で日本初開催となった東アジアカップが、日本や中国、韓国などが参加して行われた。9月には、大垣ミナモソフトボールクラブが本年度から参戦する日本リーグ2部大会が大垣市で行われる。こうした大会を開催することは、「国体を一過性のイベントに終わらせない」ことにつながっているのだ。国体開催で培った経験を活用し、大会運営に献身的にあたる地元自治体や協会関係者の働きが不可欠であることは言うまでもない。

北海道ソフトボール協会役員との会話に戻る。「国体の盛り上がりを受け継いでいくためには、地域に愛されるチームをつくることも大切だ」と私は応じた。県内には、わがクラブのほかにも、ハンドボール競技の飛騨高山ブラックブルズ岐阜など、国体を契機に結成され地域に愛されるチーム運営を目指すクラブがある。こうしたクラブが競技力を高めて強くなり、多くの方から応援されるようになることが大切だ。わがクラブも2年連続でクラブ日本一になったが、目標である日本リーグ1部昇格への道は険しい。1部昇格を遂げてこそ、国体を一過性のイベントにしないことになるという気概で精進を重ねていきたい。

中部国際空港に到着した機内では、客室乗務員から優勝祝福のアナウンスが流れ、乗客から万雷の拍手を受けた。選手の笑顔を見て、スポーツ選手は声援を受けて成長していくのだとあらためて感じた。

（2013年8月4日）

国体後も生きる精神

「お・も・て・な・し」。国際オリンピック委員会総会で、フリーアナウンサーの滝川クリステルさんが用いた一言だ。

ぎふ清流国体・大会からまもなく1年。私たち県民は、すでに彼女が語る1年前に「おもてなし」の心で両大会に訪れた人たちを温かく迎えた。その場面を思い返す。

岐阜メモリアルセンターで行われた総合開会式での小中学生による都道府県応援団。正面スタンド前を過ぎた直後の第1コーナーでの声援は選手の心を熱くした。私も経験したが、開会式で正面スタンド前を歩く時の緊張感は言葉で表せない。その直後の子どもたちの声に、われに返った選手が多かったことは想像に難くない。県内各地の競技会場でのボランティアによる、地元食材を生かした振る舞い料理も来場者から高い評価を得た。

話を現在に戻す。今月上旬のことだ。大垣ミナモソフトボールクラブが所属する日本女子ソフトボールリーグの試合が、大垣市で開催された。国体後、初めて行われる地元大会。選手が所属する企業などからの、多くの観衆で会場は埋まった。ぎふ清流国体の盛り上がりの再現だ。「おもてなし」の心も忘れられていない。多くのボランティアの方が大会運営を支えた。

中でも、豚汁の振る舞いサービスは、今回も大好評だった。用意していた数量は瞬く間になくなった。近くにいた初老の男性のボランティアに話を聞く。「私たちのようなボランティアは、スポーツの大会には欠かせない存在だと思う」。そして続けた。「リハーサル大会が行われた一昨年。国体があった昨年。そして今年。経験を重ねるたびに、独自のおもてなしの方法を考えるようになってきた」と笑顔で語ってくれた。

滝川さんは、「おもてなし」は見返りを求めない日本のホスピタリティー精神の表れだという。私も同感だ。会場で献身的に動き回ってくれているボランティアの姿がそう教えてくれる。県内では、今年も多くの世界規模の大会や全国大会が開催されている。そして、ぎふ清流国体・大会の時と同じように多くのボランティアの方が大会を支えている。「スポーツは人々の力や気持ちを一つにする力がある」。安倍晋三総理大臣の２０２０年の東京でのオリンピック開催が決定した時の言葉だ。

最後にもう一つ。私たちのクラブと同じようにぎふ清流国体を契機に日本リーグに参戦したチームがある。ハンドボール競技の飛騨高山ブラックブルズ岐阜だ。今日、地元高山市での初戦を戦う。午後1時開始。会場は飛騨高山ビッグアリーナ。心を一つにするというスポーツの力を会場で味わってみませんか。

（２０１３年9月22日）

岐阜の文化にも財産

「いま君が見ている夢は　どんな夢ですか」。この歌詞で始まる曲「君が明日と呼ぶものを」を久しぶりに生で聞いた。今月中旬に開かれた「ぎふ清流国体・ぎふ清流大会メモリアル清流コンサート」に当クラブ選手たちと参加した時のことだ。

1年前を思い起こす。ぎふ清流国体の試合が直前に迫り、不安に駆られる私は、毎日この曲に励まされていた。特に「誰もが誰かを支えながら思いは形になる」というフレーズが身に染みた。この曲は、ぎふ清流国体のために作られ、式典前演技で多治見少年少女合唱団により披露された。先のメモリアルコンサートには、歌手の由紀さおりさんやオカリナ奏者の宗次郎さんも出演された。いずれもぎふ清流国体式典前演技に花を添えたメンバーだ。1時間半にわたるコンサートは、ぎふ清流国体・大会の感動を思い起こさせるには十分すぎるものだった。

後日、選手が私に話してくれた。「ぎふ清流国体から生まれたものは、私たちスポーツクラブだけじゃないんですね。音楽という文化の中にも新たに生まれたものがあるんですね」。その言葉に私も深くうなずく。そして、文化的素養に欠ける自らを恥じながら言葉を返した。「国体の成果は大垣ミナモや飛騨高山ブラックブルズの日本リーグ参戦だけじゃないな。合唱や吹奏楽、ダンスなど岐阜の文化にも大きな財産を残したんやな」。

折しも2020年の東京五輪・パラリンピック開催が決定し、これからはスポーツに今まで以上の大きな関心が寄せられるはずだ。あらためて言うまでもないが、スポーツは、選手だけで成り立つものでない。心温まるおもてなしを実践するボランティアの人々。楽曲や踊りで勇気や元気を与えてくれる人々。自慢の書で励ましてくれる人々。そして、声をからして応援してくれる人々。私の持論でもあるが、スポーツは「する人、見る人、支える人」により行われるものだ。

「この手から次の手に伝える　光がここにある」。くだんの曲はこの歌詞で終わる。コンサート終了後、会場から出てきた選手たちの顔にはいつもと違う輝きがあった。その顔に「清流の国ぎふ」の未来を見たと言ったら言い過ぎだろうか。

（2013年11月24日）

大会開催、地域に活気

「新年早々、大垣の街を気持ちよく走れました」。正月3日、城下町おおがき新春マラソン大会に当クラブの選手と共に参加した。冒頭の言葉は、走り終えた選手が発したものだ。大会は今年で6回目を迎えた。参加者は年々増加し、3400人を超えた。小学生から90歳を超える高齢者までと幅広い。県外からの参加者は3割を数える。澄み切った青空の下、大垣市の街がランナーや応援する人、そして大会を支える多くのボランティアの人でにぎわった。この大会が、新年を迎える風物詩になっていることは間違いない。

先月、観光庁スポーツ観光推進室長の八木和広氏から、「スポーツツーリズムによる地域活性化」と題した講演を聞く機会を得た。

まず、スポーツツーリズムとは何かを簡単に説明する。スポーツ大会を開催することにより、開催地に移動（旅行）をして「する人」「見る人」が集まる。そして大会を「支える人」との交流も生まれる。いわゆる交流人口が増えると同時に、会場地のにぎわいをつくり出す。まとめれば、スポーツを通じて目的地へ旅する明確な理由をつくり、生きがいや健康づくりといった視点も入れ、新たなビジネスや地域活性化を創出することである。

２０２０年の東京五輪・パラリンピック開催決定後、スポーツ分野に限らず多くの分野で新たな取り組みが模索されている。その中心的なものとして、「スポーツツーリズム」による地域の新たな魅力・健康・生きがいづくりがある。

話を城下町マラソン大会の時に戻す。選手から「大垣市は城下町だったんですね」と、今さらかと思う言葉を受ける。「大垣は、戸田藩10万石の城下町だったんだよ」と返す。「私、一度も大垣城に行ったことがないんです」と選手。「そう言えば、１年目の選手を連れて行ってなかったな」と私。早速、期待に応えて？

大垣城周遊ロングランを練習メニューに入れることを計画中だ。

大垣に県内外から多くの選手と応援する人が集い、ボランティアの人による温かいおもてなしがあり、街には大きなにぎわいができた。まさしく、スポーツツーリズムが目指すところの大会だった。こうした取り組みに県内のスポーツ関係者も関わることが大切だ。そして、地域全体でスポーツツーリズムを推進し、魅力と活気があふれるまちづくりをしていくことが必要だ。

蛇足だが、今回私が参加したのはウオーキングの部。来年は、8キロの部に出場して、大垣の街を颯爽《さっそう》と走ることを新年の誓いとしたい。

（2014年1月19日）

地域密着、未来に継承

「ぎふ清流国体での優勝を目指します」という主将の力強い言葉と共に、大垣ミナモソフトボールクラブが誕生したのは、2010年2月。今月で創部5年目を迎えた。創部時の選手は16人。支援企業は7社。国体は目標の優勝には届かず5位。ただし、詰め掛けた観客数は想像をはるかに超えた。超満員のグラウンドで戦った光景は今でも脳裏に深く刻まれている。

5年目を迎えたクラブの今。選手は18人。支援企業は9社。戦いの場を日本リーグに変えた。国体終了後に解散という危機があった。「国体を一過性のイベントにしない」。この思いが支援企業を中心とした関係者を動かした。新たな選手の雇用や運営資金など多くの課題を乗り越え、存続の道を開いた。後援会組織も発足した。現在の会員数は千人。「地域に愛され、地域に貢献する」というチームのコンセプトは創部時から変わらない。

今、ソチでオリンピックが華やかに開催されている。そのオリンピックを主催する国際オリンピック委員会が、開催国に求めていることの一つに次のことがある。「持続可能なレガシー（遺産）を構築すること」だ。単に、スポーツの祭典に終わらせないことを求めているのだ。その具体例をいくつか示す。

①おもてなしによる地域ホスピタリティーの向上　②ボランティア活動の活発化による住民参加意識の向上　③外国人の受け入れ態勢の整備による国際交流の促進　④地域で開催した種目に特化したまちづくり—。こうしたレガシーを大会終了後もいかに持続していくかが問われるのだ。

私たちは、既にぎふ清流国体・大会というメガスポーツイベントを経験し、レガシーを残した。これも具体例を示す。①地域の食材を生かした弁当　②競技会場の美化活動に取り組んだボランティア組織　③大垣ミナモソフトボールクラブや飛騨高山ブラックブルズ岐阜といった地域に根付くスポーツチーム――。これ以外にも多くのレガシーを残した。しかし大事なことは、そのレガシーを持続可能なものとして未来につなげていくことだ。わがクラブも、地域に愛され、地域のまちづくりに貢献できる存在になることが使命だ。その先に、チームの悲願である日本リーグ１部昇格という夢の実現があるのだ。選手たちは、４月の日本リーグ開幕に向け、伊吹おろしにさらされながら練習に励んでいる。

（２０１４年２月16日）

日本リーグ1部昇格目指す

「頑張りなさいよ」。

お会いした帰り際に、いつもこの言葉を掛けてくださる人がいる。岐阜県名誉県民となられた田口義嘉壽セイノーホールディングス株式会社代表取締役会長だ。大垣ミナモソフトボールクラブの誕生は、田口会長の存在がなければ成し得なかった。クラブにとっては生みの親だ。

話は5年前にさかのぼる。当時、ぎふ清流国体を控え、各種目とも成年チームの強化に向けて対策を急いでいた。ソフトボール成年女子チームの戦力評価は、極めて低かった。元日本代表監督の宇津木妙子氏が所属していたユニチカ垂井が活動していたころは、国内トップレベルの競技力を有していた。廃部後は、クラブや大学生チームなどが活動していたが、日本リーグ勢と互角に戦える力は維持できずにいた。

国体まで2年と迫った2010年。会場地となる大垣市の複数企業を母体としてチームを発足させることになった。いわゆる「岐阜方式」によるチーム結成だ。岐阜県体育協会会長でもあった田口会長の強力なバックアップがあったことは言うまでもない。

時は移り、ぎふ清流国体の開催年。国体終了後にチームはどうなるのか。存続か廃部か。国体本番を前にした選手に少なからずの動揺があった。その時、「国体を一過性にしない」。国体終了後も、チームを存続させ日本リーグに参戦するというシナリオを強力にバックアップしていただいたのも田口会長だった。その強い思いのおかげだ。

現在、クラブの支援企業は9社。選手の所属企業への帰属意識は強い。企業からの全面的な支援を深く感じ取っているからだ。同時に、「田口会長へ恩返しを」

という気持ちも強い。折に触れ、クラブ設立の経緯については、スタッフからも選手たちに伝えている。日本リーグ1部昇格を果たし、恩に報いたい。

話を冒頭の場面へ戻す。クラブの部長として、定期的に田口会長へクラブの現状と課題をご報告する機会がある。分刻みの日程の中、真剣に耳を傾けていただける。毎回、予定の時間を超過し、秘書の方にご迷惑を掛けている。あの優しい笑顔を真正面にしてお話をさせていただくと、つい時間がたつのを忘れてしまう。帰り際の「頑張りなさいよ」という言葉には、大きな期待と叱咤《しった》激励が込められている。

会長室から出て、玄関へ向かう途中には故田口利八名誉会長の銅像がある。その銅像の下に刻まれている言葉が私にいつも元気を与えてくれる。「踏まれても踏まれても　強く野に咲く福寿草」。

チームの1部昇格を懸けた日本リーグは、26日に開幕する。

（2014年4月20日）

岐阜に根付いた選手

「もう一度、現役選手としてプレーしたいです」。

今シーズンの開幕を間近に控えた3月下旬。練習試合に帯同し、自宅に戻った私の携帯電話が鳴った。声は伊藤良恵監督。「ソフトボールをもう一度したい」「チームの若手選手に自分のプレーを近くで見て学んでほしい」と、彼女は部長である私に訴えた。

実は、私は、その日グラウンドでの別れ際に見せた彼女の表情に、何かしら思い詰めたものを感じていた。彼女はぎふ清流国体を契機に、選手から監督へと立場を変えていた。

あらためて彼女の戦績を紹介する。国内トップリーグでの活躍は言うに及ばず。

特筆すべきは、シドニーとアテネの2度のオリンピックに中心選手として出場。しかも、共にメダルを獲得したことだ。この戦績を残して現役を引退しても、一流アスリートとして称賛に値するに余りあるものだ。彼女にとって、アスリートとしてのゴールはどこにあるのだろうか。私はぎふ清流国体のために岐阜に来てくれることが決まった時にふと考えたことがある。オリンピックのメダリストが、国体優勝を目標とするチームに加わるモチベーションは、どこにあるのだろうかと。今でも、その問いを彼女にしていない。

話を戻す。私は彼女の現役復帰に賛同した。クラブは現在、日本リーグで首位、悲願の1部昇格が現実味を帯びてきた。彼女の存在が勝利を呼び寄せ、彼女のプレーが若手選手に良い刺激になっている。そのことをチームの好調な成績が物語る。存在自体が、チームにとって技術的だけでなく精神的なよりどころになっているのだ。

5年前、彼女は幼い娘を連れて2人で岐阜に来た。当初は慣れない生活で不安も多かった。しかし、大垣市の企業で温かく迎えられ、それが解消していったと当時を振り返る。この体験が、大垣の街を心から愛する気持ちにつながっているのだ。

創部5年目を迎えるクラブには、現役を退いた選手を合わせ30人余りの人材が集まった。現役はもちろんだが、退いた選手の多くも大垣市に住み続け、それぞれの立場で活躍している。誰もが岐阜をこよなく愛している。東京五輪・パラリンピック開催が決定以降、遺産（レガシー）という言葉を耳にする機会が多くなった。選手たちが土地に根付く。まさしく、ぎふ清流国体が残した貴重な遺産（レガシー）と言えるのではないか。伊藤良恵監督からは「まだまだ現役。遺産だなんて失礼です」と叱られそうだが……。

（2014年6月29日）

「岐阜ソフト王国」目指す

今日で8月が終わる。今年の夏も、スポーツが多くの感動のドラマを生んだ。社会人野球・都市対抗野球大会で西濃運輸の黒獅子旗獲得、甲子園での大垣日大高校の大逆転勝利がその代表的な例だ。私は東京ドームで西濃運輸の全試合を観戦した。グラウンドとスタンドが一体化した応援は、スポーツが持つ〝チカラ〟をあらためて認識するに余りあるものだった。スタンドには、多くの笑顔があふれていた。きっと寿命が何年かは延びたに違いない。

都市対抗野球や甲子園と比べて、マスコミでの露出度は高くなかったが、県ソフトボール界にも大きな感動のドラマが生まれた。県内で活躍する3チームが日本一の栄冠に輝いたのだ。男女の全国クラブ選手権で岐阜エコデンSCと大垣ミナモのアベック優勝。全日本小学生大会で岐阜ＮＥＸＵＳジュニアの優勝。県ソフトボール協会創立以来の快挙だ。

岐阜エコデンと大垣ミナモは、ぎふ清流国体を契機に結成されたチームだ。「国体を一過性のイベントに終わらせない」を具現化しているのだ。関係者はぎふ清流国体を所産にし、ソフトボール王国を目指す。１９６５年の岐阜国体でのホッケー競技が目指すモデルだ。ただし、「言うは易《やす》く行うは難し」だ。競技力を日本のトップに育てるのは至難の業だ。

大垣ミナモの例を挙げる。先述の通り、全国クラブ選手権で優勝した。しかも３年連続だ。だが、あくまでもクラブでの日本一。日本リーグ１部のチームも参加する全日本総合選手権で優勝への道のりは容易ではない。時に弱気になりそうな選手をこんな言葉で励ましたい。「夢は逃げていかない。夢から逃げていくから実現しないのだ」。

大垣ミナモには、支援企業だけでなく、試合や練習に毎回のように足を運んでくれる熱心なサポーターがいる。こうした「支える」人たちにも、選手の背中を押してもらえている。岐阜エコデンや岐阜NEXUSジュニアの選手たちをはじめとする県内のソフトボール関係者と共に、私たちもソフトボール王国を築いていきたい。

大垣ミナモは、9月6、7の両日、大垣市浅中公園で日本リーグ2部（第4節）の試合に臨む。1部昇格を懸けた天王山だ。ぜひ、多くの方に会場にお越しいただきご声援を願いたい。応援では、東京ドームで味わったグラウンドと一体化した雰囲気が再現できればと願う。

（2014年8月31日）

各全国大会に優勝して報告に訪れた岐阜エコデンSC、大垣ミナモソフトボールクラブ、岐阜 NEXUS ジュニアの選手、監督ら（2014年8月18日、岐阜県庁）

1部昇格へ再挑戦

悲願の1部昇格は夢と消えた。日本女子ソフトボールリーグ2部に参戦し迎えた2年目。二つのセクションに分かれたリーグ戦を1位で通過。他方のセクション1位との1部昇格を懸けた試合に臨んだ。

10月11日、福岡県北九州市。相手はNECアクセステクニカ（静岡）。同じように悲願の1部昇格を狙う実業団チームだ。試合は五回を終了し3点のリードを奪っていた。完璧な試合展開だ。誰もが1部昇格を確信しかけた六回。相手に集中打を浴び一挙に同点とされた。延長戦にもつれ込んだものの流れは止められず、4対5の1点差で敗れた。

勝負の厳しさは十分に分かっているつもり。簡単に1部昇格が実現できると考えているわけでもなかった。ただ、地元大垣から駆け付けてくれた多くの応援団に加え、支援企業の九州地区事業所から自作応援グッズを手にした人たちも駆け付けてくれた。そんな人たちで埋め尽くされた応援席を見ると、絶対に勝てると信じたかった。チームはぎふ清流国体を契機に結成し、5年が経過した。当初は「国体で1勝もできないのではないか」と冷ややかな声も聞いた。日本リーグに参戦した昨年の成績は負け越し。実業団チームには、ほとんど勝てなかった。全国クラブ選手権で優勝こそすれ、日本リーグとのレベルの差は大きい。「しょせん、大垣ミナモはクラブチームだ」との声があったのも事実。

今年の日本リーグの戦いを振り返る。開幕戦に勝利した後に2連敗。今年も黒星先行かと思いきや、その後は地元大垣大会での3連勝を含む破竹の9連勝。好調の要因は何かと問われることが多くなった。第1の要因は選手の頑張りにほかならない。しかし、チームを取り巻く環境が変わったことも大きな要因だ。

昨年8月に「大垣ミナモソフトボールクラブを育てる会」が発足した。シーズン前には、育てる会主催の激励会も開かれた。支援企業も9社に増えた。町を歩けば、多くの人から頑張れと声を掛けられるようになった。クラブのホームページへのアクセス数も飛躍的に伸びた。その数は、多い日には2千件を超える。地元マスコミからの取材も多くなった。地域の人たちからの応援が、選手たちを成長させてくれたのだ。

北九州市での試合終了後にある方から言われた言葉を、チーム全員で胸に刻みたい。「来年に、悲願の1部昇格という歴史的瞬間に立ち会うことを楽しみに応援し続けたい」。わがクラブは、地域の人たちの応援を力に着実に歩み続けていくのだ。

（2014年11月2日）

昇格「願掛け」マラソン

1時間18分25秒。前夜からの雪が残る3日。新年の大垣市中心市街地を駆け抜ける「城下町おおがき新春マラソン２０１５」に参加し、10キロを完走した。冒頭のタイムがその時の記録だ。記憶されている方は多くないと思うが、1年前の本欄で挑戦を宣言していたのだ。ただ、この時点でコースは8キロ。その後10キロに延びることになるとは知らず。スポーツに関わるわが身だが、10キロなんてここ30年、一度も走ったことはない。なかなか練習に入る気になれなかった。

8月下旬。「来年の城下町マラソンに出るんですよね」とにっこりしながら問い掛けてきた知人。「やはり、新聞の『サンデーコラム』を覚えている人がいるんだ」と内心は動揺しながらも、平然と「もちろん有言実行ですよ」と返した。重い腰を上げて練習を始められたのは9月。走り出して10分ともたない。チームの選手からは「ウオーキングですか」と冷やかされる始末。書いたことに後悔する日々が続いた。

　そんな中、私の背中を押してくれる出来事があった。10月のこと。チームが日本リーグの1部昇格まで1勝と迫った試合だ。五回までリードしながら、まさかの敗戦。こんな悔しさはもう二度と味わいたくない。「来年こそは1部昇格」を10キロの完走で願掛けしようと意を決した。しかし、体重90キロの現実は厳しい。走れる距離が順調に延びていかない。本番前、10キロを走れたのはただの一度。しかも、コースに設定されたポイントの閉鎖時間をクリアできていない。不安と焦りが募る。しかも体調悪化が追い打ちをかけた。

　前日に38度の熱を出し、当日の朝を迎えた。熱は何とか下がっていたが、関節に痛みが残る。一瞬、断念の二文字が頭をよぎった。途中棄権も覚悟し、スタートを切る。7キロ付近で足が止まった。その時、耳に飛び込んできたのは沿道の人たちの声援。背中を押されるとはこういうことなのか。それが分かった。自然と足が動き出し、なんと制限時間内にゴール。うれしいことに、選手たちが大きな拍手と笑顔で迎えてくれた。また、ボランティアの方たちが湯気の立つぜんざいを振る舞ってくれた。冷え切った体には実にありがたい1杯だった。

ここまで書いたところで、うれしいニュースが飛び込んできた。正月の箱根駅伝で青山学院大が総合優勝。飛騨御嶽高原高地トレーニングエリアで合宿を行い、必死に練習していた選手たちの姿を間近で見ていたので、感慨もひとしおだ。

話をもとに戻す。願掛けのことは選手たちに話していない。今年こそ悲願の1部昇格を成し遂げてくれると信じている。

しかしながら、よくぞ完走証が手にでき

10キロを走り終え、完走証を手にする筆者（前列中央）。周りはゴールで迎えてくれた大垣ミナモソフトボールクラブ、西濃運輸野球部の選手ら（2015年1月3日、大垣市内）

たものだ。返す返すも、声援の力を今も思う。スポーツは「する人」だけでなく「見る人・支える人」もいて、成り立つことを再確認した。これからも県内で多くのスポーツ大会が開かれる。「見る人・支える」機運が一層高まることを願いたい。

さて、来年への宣言は？〝沿道で声援を送ります〟。スポーツは「する人・見る人・支える人」で成り立っていますから……。

（2015年1月11日）

2012年から20年へ

「昨年の悔しさをバネにして、今年こそ念願の1部昇格を果たします」。

3月1日、後援会「大垣ミナモソフトボールクラブを育てる会」が地元の大垣市で開いたファン交流会で、主将が力強く宣言した。交流会は、昨年を上回る出席者があり、熱気であふれた。今シーズンは新戦力が3人、支援企業は1社増えて10社に。育てる会の会員数は1500人を超えた。練習拠点の浅中公園ソフトボール場には、夜間照明が取り付けられた。1部昇格に向けた環境は整いつつある。

2012年のぎふ清流国体の後、クラブは日本リーグに参戦。3年目になる今シーズンは、チームの真価が問われる年になる。「地域に愛され、地域の活性化に貢献する」というチームのビジョンは変わらない。12年のレガシー（遺産）だとの思いは強い。

ぎふ清流国体を一過性にしない。岐阜県は昨年の長崎国体でも天皇杯は9位、皇后杯は5位とひと桁を維持した。都道府県持ち回り方式の国民体育大会(国体)は、開催地の多くが、地元開催以降で大きく順位を下げていくのが通常パターンだ。障がい者スポーツ大会も同じ傾向を示す。私たちはぎふ清流国体・大会で、かけがえのない大きな成功体験を得た。スポーツ関係者だけではない。ボランティアとして大会を支えた人たちなど多くの県民がその体験者だ。

「2012年から2020年へ」。5年後の東京五輪・パラリンピックは〝オールジャパン〟で臨まなくてはいけない。そのためにも、私たちの成功体験を生かすことが大切だ。多くの県ゆかりの選手が出場、県民がボランティアとして参加。さらに、県内を訪れるであろう外国人に温かいおもてなしをする—。これも忘れてはならない。

東京五輪のビジョンのひとつに「未来への継承」がある。私たちは、12年のレガシーを20年に継承できる。岐阜県でも人口減少の問題は避けられないが、取り組み方によっては今以上に輝かしい未来を創っていける。

交流会に出席してくれた小学生の女の子の言葉を引きたい。「私にとって、大垣ミナモはあこがれの存在です。将来、大垣ミナモでプレーしたいです」。次代を担う子どもたちのためにも、地域の人々が「誇り」に思える存在であり続けたい。県内唯一のプロスポーツチームで、サッカーのJ2リーグで戦うFC岐阜は、まさに私たちの誇りだ。今季のホーム開幕戦は今日午後1時にキックオフ。J1という未来へとつながる戦いを期待したい。

（2015年3月15日）

スポーツの魅力

あらためてスポーツの世界で「応援の〝チカラ〟」が勝敗の流れを変えることを痛感した。4月25、26の両日、富山市で行われた日本リーグ開幕節での出来事だ。昨年あと一歩で逃した1部昇格の夢。今年こそは成し遂げようとチーム全員で誓い、大事な初戦に臨んだ。客席が地元・大垣市からの大応援団で埋まる球場で、まさかの延長サヨナラ負け。勝負に絶対はないが、圧倒的優勢との戦前の予想だった。

決して油断があったわけではない。試合は初回、主戦山田麻未投手の立ち上がりを攻められ、3失点。歯車は大きく狂い始めた。こちらが痛烈な当たりのライナーなどを放つも、ことごとく相手守備陣の真正面へ行く。なんとか、最終回に追いついたが、延長戦で力尽きた。宿舎へ帰るバスの中は、不気味なくらいに静かだった。

翌日は、1部昇格のライバルになると思われる強豪チームとの顔合わせだった。この試合も思いとは逆に、前半に3点を失う。前日からの重苦しい流れが変わっていない。だが、1部昇格のために開幕の連敗は絶対に避けなければならない。焦りと不安が私を襲う。

いたたまれなくなり、ふと席を立った。劣勢にもかかわらず大きな声を出して懸命に応援している人たちの姿が目に入った。思わず、選手たちに叫んでしまった。「応援している人たちを見よ」と――。すると、その後の試合の流れが変わった。中盤に同点とし、終盤には追加点。終わってみれば8対3。今季のリーグ初勝利を手にした。

ゲームセットの後、懸命に応援を続けた人たちと選手たちとの涙あり、笑顔ありの熱い抱擁を見た。2日で400人を超える人たちが、声をからしてくれた。

いずれも厳しい内容の2戦。選手たちに懸命に元気を送ろうとする彼らの姿が、チームの悪い流れを変えてくれたのだ。

大垣に戻り、次戦に向けて練習に励む選手に話した。「スポーツの素晴らしさは、選手が見ている人に元気を与えることだけでなく、見ている人からも元気をもらえることにある」。みんなの目がいつにも増して輝いて見えた。気のせいだったのだろうか。

今日、岐阜市で「第5回高橋尚子杯ぎふ清流ハーフマラソン」が開催される。皆さんの声援が選手に元気を与えるはずだ。沿道に出て声援を送ってみませんか。

（2015年5月17日）

女性が輝ける環境を

「疲れました」――。7月27日、鳥取県で開かれた「第36回全日本クラブ女子ソフトボール選手権」で大垣ミナモSCは4年連続日本一を成し遂げた。冒頭は、決勝戦の終了直後にある選手が発した一言だ。疲れたのは連日35度を超える猛暑の大会を戦ったからだけではない。参加チームの競技力の格段の向上を実感したためだ。初出場で初優勝した4年前は決勝戦でさえ一方的な試合になるほど、実力の差は歴然だった。

そもそもクラブ選手権は、トップリーグに所属する企業チームは参加できない。あくまでクラブ日本一を決める大会だ。しかし今年は、初戦から苦戦を強いられた。決勝戦も勝負の行方は終盤までもつれ込み、展開の上では4対1でも辛勝だった。多くの人から期待され臨んだ大会であり、冒頭の言葉には、期待に応えられた安堵《あんど》感もにじみ出たものだ。

近年、女性が生涯にわたって活躍する姿が目立つようになった。ソフトボール界でも数多くある。トップアスリートとして日本リーグで活躍していた選手が、現役引退後に再びクラブチームに所属し、競技に取り組んでいるのだ。今大会で、かつての名選手に出会った。「私にとって家庭と仕事。そして、もうひとつの世界（生涯スポーツとしてのソフトボール）を持つことで毎日の生活がより充実しているんです」と話したその女性。十数年前と変わらぬ笑顔だった。

今、ソフトボールは野球と共に東京五輪の正式種目への復活を目指している。それを実現するには競技力の強化だけでなく、一人でも多くの競技者を増やすという普及の側面も重要な要素になる。競技スポーツ団体に関わる者には、わが国のスポーツを2020年の東京五輪・パラリンピック以降も持続的に発展させていく使命があろう。未来ある子どもたちに加え、女性の生涯にわたるスポーツへの参画を促す環境を整えていかなければならない。こう考えると、大垣ミナモSCが他からの挑戦を受け、クラブ日本一の座を守り続けていくことも大切なことだ。もちろん、チームの大目標はクラブチーム初の日本リーグ1部への昇格。そのために選手らを導く伊藤良恵監督は仕事と子育てにも奮闘し、1人3役をこなす。彼女のまなざしがひときわ輝きを放つ理由がわかったような気がした。

（2015年8月2日）

チームの使命

時は今月11日、場所は滋賀県草津市。大垣ミナモは女子ソフトボール・日本リーグ（2部）の2位決定戦に勝ち、1部昇格への入れ替え戦へと駒を進めた。「最後まで投げさせてもらえず悔しかった。でも、選手起用は監督が考えること。私は、全力で投げるだけですから」。試合後のインタビューで、先発したエースの山田麻未投手はこう語った。

ここで、今季の戦いを振り返る。今年こそ1部へ―。その気持ちを強くし、臨んだ開幕戦で、格下と思われた相手にまさかのサヨナラ負け。出はなをくじかれるも前半はこの1敗だけで折り返す。8月からの後半戦はライバルチームとの接戦を落とし、またしても黒星スタート。山田投手はシーズン初めから不調が続く。しかし、収穫もあった。共に2年目の井本妃里、寺川亜美の両投手が成長し、チームを支えた。伊藤良恵監督の選手引退で、今季は攻撃力の低下が懸念されていたが、他の選手の頑張りで影響を最小限に食い止めることができた。10勝2敗。ホープ・セクションを1位で終えた。ここまでは、昨年と同じだ。

話を冒頭に戻す。前日の10日、大垣ミナモは、アドバンス・セクションの1位チームとの優勝決定戦（2部）に臨んだ。勝てば1部に自動昇格できたが、完敗。「今年も？」――。次の2位決定戦にも続けて敗れた昨年の記憶がよみがえり、チームに重いムードが漂った。

だが、今年は違った。翌日の2位決定戦。立ち上がりに不安のある山田投手が気迫のピッチング。心配をみじんも感じさせない。これに触発されてか、打撃もいきなり爆発し、初回に4点を先制。この上ない展開で勝利を手にし、初の入れ替え戦出場を決めた。

1部への昇格は、選手だけの願いではなくなった。チームを支える支援企業、多くの市民が思いを一《いっ》にしている。大垣ミナモは日本リーグに参戦するに当たり、次のことを使命とした。ぎふ清流国体（２０１２年）を一過性にしない、レガシー（遺産）として活動を継続する。故に〝1部昇格〟で、歩みを進めたい。

1部に昇格すると何が変わるのか。気が早いのを承知で触れてみたい。年間の試合数は、ほぼ倍増。試合会場には全国から観戦者が訪れる。試合に関わる役員・ボランティアの数も増加。そして、大垣ミナモは、所属選手の多くを県内出身者で編成する構想が具体化し、新たな使命も帯びるだろう。①大垣の地でソフトボール関係者のにぎわいを創造し、地域を活性化　②ソフトボールを「見る」「支える」ことで生まれる〝健康生きがいづくり〟　③選手のプレーに触れる機会が増えることによるジュニアスポーツの育成強化—。こうした目的にもチームは力を尽くしたいと考える。

入れ替え戦は29、30両日に静岡県伊豆市で行われ、1部昇格には2勝が必要。相手は群馬県のペヤング（1部11位）。チームが一丸となり、〝やきそばを食べて〟

夢をかなえたい。皆さまの熱い応援を心からお願いいします。

（２０１５年10月25日）

勝負へのこだわり

今年も残すところあと数日。ホームグラウンドである浅中公園に立つ。冬の風物詩である伊吹おろしが吹きつける。選手と銀杏《いちょう》の落ち葉を拾う。銀杏の木は葉を落として来年の準備を始めているんだぞ、と選手に話す。

2年連続であと一歩のところで逃した日本女子ソフトボール1部リーグへの昇格。気持ちを切り替えて来シーズンに向けて練習に取り組む日々だ。ここで入れ替え戦を振り返る。初戦は息詰まる投手戦。エースが浴びた痛恨のソロホームランで惜敗。後がなくなった2戦目。最終回に1点差に詰め寄るも再び惜敗。勝負は無情。昨年に続き、あと一歩及ばなかった。企業チームの意地に屈するのか。わがクラブの力のなさなのか。1部昇格への道はなお険しい。

師走になり、ニュースが飛び込んできた。入れ替え戦の相手だった企業チームが休部するという。今頃なぜかとの思いがよぎる。企業スポーツを存続していく厳しさをあらためて感じさせる。

大垣ミナモは企業チームではない。大垣市内の企業10社が中心となって運営するクラブチームだ。企業チームとは違う運営の難しさがある。選手雇用や運営費の捻出など対処すべき問題は少なくない。運営にはそれぞれの企業の思いを一つにすることが不可欠だ。ありがたいことに、クラブ会長をはじめとする企業トップの方々の強いリーダーシップと社員の皆さんからの声援が後押ししてくれる。

県や市も加えて大垣ミナモをみんなで育てて盛り上げていこうとの機運は今は高い。ただ、選手はそこに甘えているわけにはいかない。勝負へのこだわりと地域に愛される活動は、チーム存続への生命線だ。

このコラムを書いている時に、長良川上中流域の「清流長良川の鮎」が国連食糧農業機関（ＦＡＯ）の世界農業遺産に認定されたとの朗報に接した。大垣ミナモもぎふ清流国体の遺産（レガシー）から1部リーグ昇格へと進化したい。日本、いや世界に認められ、大垣の地で次世代に受け継いでいけるチームとして羽ばたきたい。来るべき２０１６年は、結果を残す年にしたい。そして、もっともっと多くの市民・県民から応援していただけるチームに成長させていきたい。新しい年が皆さまや大垣ミナモにとって、輝く一年となりますように。

（２０１５年12月27日）

スポーツの力

　東日本大震災から、間もなく5年。今なお多くの被災者が仮設住宅での生活を余儀なくされている。発災後に被災地を訪れ、被害の大きさに言葉を失った。あの惨状を思い出すと心が痛む。

　しかし、私以上に心を痛める人物が身近にいる。小泉ゆい選手、大垣ミナモの主将だ。5年前、彼女は東北福祉大学（仙台市）ソフトボール部に在籍。その日は遠征試合で部員たちと大阪市にいた。午後2時46分の発生。テレビが未曽有の被害を次々に伝える。宮城県石巻市の両親とは連絡が取れない（数日後、無事を確認できた）。当然ながら、すぐに仙台市に帰ることはできない。早く帰って家族に会いたい。被害に苦しむ人たちの力になりたい。部員のみんなの葛藤、いらだち、悲しみは言葉で表せないものだったという。

結局、彼女は1カ月にわたり、交流があった神戸市の大学の施設で生活した。その後には仙台市へ戻り、被災の現実を目の当たりにした。震災で何を思ったのだろうか。先日、彼女はあらためて語ってくれた。帰れなくなった部員を快く迎えてくれた神戸の人たち、友人や知人の激励が今も心の支えになっているという。厳しい状況の中で懸命に生きようとする被災者の姿が勝負の世界で弱気になる自分の背中を押してくれるという。

日本リーグが4月に開幕する。大垣ミナモはここ2年、1部昇格をあと一歩のところで逃している。主将として小泉選手の今季に懸ける思いは特別だ。なんとしても1部昇格を果たし、後輩たちに「夢はかなう」と伝えたい。震災の時にお世話になった人たちとも喜びを分かち合いたい。

今日、大垣ミナモを育てる会主催の交流会が地元の大垣市で開かれる。応援していただく人たちと夢の実現に向け、心を一つにしたい。選手には多くの人の支えがあって今があることをあらためて感じてほしい。私はスポーツには人や地域社会を良い方向に変えていける力があると信じている。その役目を担い続けていけるクラブとなっていきたい。

（2016年3月6日）

「夢つかむ努力」伝える

「ボールを捕ることや投げることを分かりやすく教えてもらえて楽しかった」。大垣ミナモソフトボールクラブ（日本リーグ2部）は本年度の新事業として、5月9日、大垣市と「小中学校体育授業での指導支援等に関する協定」を結んだ。選手たちが学校を訪問し、体育の「ベースボール型」授業に参加するものだ。

翌日には早くも、市立北小学校で最初の授業が行われ、6年生が参加。大杉千尋、寺川亜美の選手らが指導した。ボールの投げや受け、試合形式の練習もあった。冒頭は、その時、参加した児童の1人が寄せてくれた言葉だ。授業は技術を教えるだけではない。子どもたちに夢に向かって努力することの大切さも伝えたいと考えている。

ここで文部科学省が掲げる「地域スポーツとトップスポーツの好循環推進プロジェクト事業」から目的の記載を引く。それによると、「スポーツを普及・定着させ、スポーツを人々にとって身近なものとするためには、トップアスリートらの優秀な技術や経験を地域スポーツに有効に活用し、スポーツの裾野の拡大及び底上げを図ることが重要であり、地域住民が主体的にこれらの活動に取り組むようにすることが今後の地域スポーツのあるべき姿である」とし、さらに「小学校の小規模化や教員の高齢化等により、体育の授業において児童生徒に手本を見せるのが難しい場合もあり、民間人の活用を含めた地域での教育支援体制の強化が必要となっている」とある。

トップアスリートを間近で見て、一緒に活動する。子どもたちがそれを刺激とし、自分の成長につなげてもらう。大垣市との協定の狙いはここにある。

今年はオリンピックイヤー。8月にリオデジャネイロ五輪・パラリンピックが開催される。世界の一流のアスリートが懸命に競技に臨む姿をメディアが伝え、多くの人々に感動をもたらすはずだ。こうした機も事業の追い風にしたい。

大垣ミナモは地域スポーツの一翼を担っているとの自覚を持って活動をしている。ぎふ清流国体（２０１２年）を契機に地域の人々によって設立されたクラブだ。地域への貢献を責務と考える。

子どもたちには先生や保護者だけでなく、多くの大人との触れ合いも成長の糧となるはずだ。「１部昇格はいつ？」と聞かれやしないか。学校訪問は内心ドキドキだが、何よりも子どもたちの笑顔が見たい。次回の訪問を心待ちにしている。

（２０１６年5月22日）

山田麻未投手から正しい投球フォームを教わる小学生
（2016 年 2 月 28 日、長良川球場）

地域と共に夢へ挑む

「勝っても苦しい、負けても苦しい試合でした」。8月のリオデジャネイロ五輪で、卓球の福原愛選手が団体の銅メダルを獲得した直後に語った言葉だ。重圧の中で戦った者にしか言えない言葉だと感じた。それから約1カ月後に大垣ミナモもこの言葉をかみしめることになる。

今シーズンこそ、悲願の1部昇格を目指して臨む日本女子ソフトボール2部リーグの戦い。まず、リーグの試合方式を簡単に説明する。2部は13チームで、二つのセクションに分かれている。大垣ミナモは6チームと2回ずつ戦う。セクション内の試合は12試合。両方のセクションの上位2チームが1部昇格を懸けて戦うことになる。セクションの首位通過は昇格のために譲れない。

4月の開幕からの戦いを振り返る。順調にスタートを切り、初戦から6連勝。前半を終え、単独首位に立つ。後半も6連勝し全勝でセクション首位を決めたいと意気込んだが、後半の最初の試合で宿敵を相手につまずき、敗戦。その翌日も敗れた。通算7勝2敗で、辛うじて首位を維持。残りは3試合で、2位との差は一つ。セクションの首位通過を決めるには、これ以上の負けは許されない。

残された試合は地元大垣での開催。9月10、11の両日、例年以上に多くの人が声援を送る中で試合は行われた。しかし、ここでも歯車が狂う。またもや2位チームに延長戦の末、敗戦。本来なら、この時点で1部昇格決定戦進出が夢と消えるはずだった。ところが、同率2位チームもまさかの敗戦。続く試合で勝利し、劇的にセクション首位が決定。2日間にわたり応援していただいた方の願いが天に届いたというほかない。

試合後、選手が勤める企業の方が私に話してくれた。「本当に感動的な勝利でした。同僚として共に働く選手が頑張ってくれている姿を見ることで職場内でも喜びを分かち合えるんですよ」。こうしたチームの頑張りが、職場の結束力や士気向上に少しでも貢献できているのかなとあらためて感じた。厳しい戦いを見守り疲れた私の心を癒やしてくれた。

いよいよ1部昇格を決める時。大事な試合が10月8、9の両日に北九州市で行われる。一昨年、昨年とあと1勝ができずに昇格を逃している。3度目の正直だ。今年こそは、悲願の1部昇格を成し遂げたい。「勝っても苦しい試合でした」と口にしたい。ご声援をよろしくお願いします。

（2016年10月2日）

誇れる存在でいたい

勝負は非情だ。日本女子ソフトボールリーグ1部昇格へ手の届くところまできて3年。今年も昇格を懸けた試合で惨敗を喫する。3度目の正直での昇格の思いは選手だけでなく多くの方が感じていた。しかし、あと1歩が届かない。最後の1歩を越えなければ昇格は夢で終わる。

惨敗から2カ月余りが経過。選手たちは、日本リーグ参戦5年目に向けて歩みを始めた。練習を再開した当初の選手たちには、いつもの元気はなかった。練習場所の浅中公園には、毎日欠かさず練習を見守ってくれている人たちがいる。その人たちの選手を見つめる表情にも、心なしか元気が感じられない。そんな日がしばらく続く。

誰からともなく、選手と一緒に弁当でも食べようとの声が上がる。さっそく昼食会が催された。会が終わろうとした時に、参加者の1人が選手たちに語り掛けた。「あなたたちの目標は1部昇格なのかもしれない。ただ、私たちの願いは、あなたたちが地域に誇れる存在であり続けてくれることなのだ。既にあなたたちは地域に十分に溶け込んでくれている。私たちはいつまでも応援し続ける。来年も頑張ろう」。この言葉が再び昇格に挑戦しようとする選手たちの背中を力強く押したことは言うまでもない。

あらためてスポーツは、人を元気にしたり勇気を与えたりすることができると実感した。大垣ミナモを温かく見守る人々は、昇格に向け懸命に努力する選手の姿に感動してくれている。弱気になった選手を支えることで、応援者同士の交流も生まれ、そして互いに共感し合う。

2020年の東京五輪・パラリンピックに向け「1億総スポーツ社会」の実現を目指すという動きがある。全ての人々がスポーツの力で輝き、活力ある社会と絆の強い社会をつくることを目指すものだ。大垣ミナモが地域の魅力づくりの一端を担える存在となる努力を重ねていきたい。もちろんその役割は大垣ミナモだけで担えるものではない。

大垣市にはソフトボールだけでなく野球、ソフトテニス、フェンシング、水球、剣道など全国レベルで活躍している競技が数多くある。競技を超えた連携、協働が必要だ。トップアスリートの活躍は、人々に夢や希望を与えることができる。そして地域の大事な人的資源となる。今年、悲願の1部昇格は果たせなかったが、それ故に選手たちは数多くのことを学べた一年でもあった。昇格に向けて試練はなお続く。

（2016年12月18日）

1億総スポーツ社会

「国家の成功の鍵は女性であると確信させてくれた日本の女性に感謝します。変化の真っただ中、日本の女性は国を主導する力を持っています」。この言葉は、今年1月に駐日米国大使を離任したキャロライン・ケネディ氏が述べたものだ。

折しも、クラブでは「女性有識者による大垣ミナモの活動を支援する会」を立ち上げた。趣旨は、女性の視点をクラブの活動に取り入れていくことだ。メンバーは、女性ばかりの11人。婦人会役員や飲食店の女将《おかみ》にマスコミ、行政関係者など各界で活躍している面々だ。先月、第1回会合を開催し、私もクラブチームの堤俊彦会長と共に出席した。会議は、活発な意見が出て盛り上がった。意見は女性の視点だからこそ発想できる貴重なものばかりだ。

紙面の都合上一つだけ紹介する。「私は現在、幼児の子育て中である。子育て中には、スポーツと親しむ機会が少ない。クラブ選手による幼児と母親を対象にしたボール遊び教室を開催してはどうか。クラブを若い母親たちにも知ってもらえる良い機会にもなるのではないか」。

つい先日、国のスポーツ審議会による第2期スポーツ基本計画の答申が出された。その中に「スポーツで未来を創る」という項目がある。その内容を一部引用する。２０２０年の東京五輪・パラリンピック競技大会等を好機として、スポーツで人々がつながる国民運動を展開し、オリンピックムーブメントやパラリンピックムーブメントを推進することで、レガシー（遺産）として「1億総スポーツ社会」を実現する。そのためには、スポーツを「する」人を増やしつつ、これに加え、「見る」「支える」人を含めて「スポーツ参画人口」として捉え、これまでスポーツに無関心であった人々や、したくてもできなかった人々も含め、全ての人がスポーツに関われるようにしていくことが重要である。

既に県ではこうした取り組みが行われている。ぎふ清流国体・大会や昨年開催の「全国レクリエーション大会」を契機に県内スポーツ関係者たちが、さまざまな機会を利用し、「スポーツ参画人口」拡大に努めている。国体のレガシーチームの一つである飛騨高山ブラックブルズ岐阜も大垣ミナモと同様に多彩なイベントを実施して「見る」「支える」人々を増やしている。これからも、大垣ミナモはスポーツを通じた女性活躍の推進に貢献していきたい。

（2017年3月12日）

スポーツ界に新風を

「今年こそは絶対に昇格できそうだね」。日本リーグ参戦5年目のシーズンが始まった。開幕戦を大差で勝利してのスタートだ。その戦いぶりを知った多くの方からの激励と懇願が交じった声をいただく。確かに5年間で最高の試合内容だ。ここ3年間は、セクションを1位で通過しながら昇格を逃し続けている。いつも温かく見守っていただける多くの大垣ミナモファンや支援企業の期待に応えることができない日々はつらい。もちろん一番つらく感じているのは選手たちであることは言うまでもない。

私たちの目指すべきもの。それはクラブチームとして、日本女子ソフトボール界初の1部昇格を実現することだ。すなわち、ぎふ清流国体を契機に結成した「岐阜方式」によるチームが、最高峰のカテゴリーに活躍の場を移せるのかということだ。

女子ソフトボールリーグの現状は次の通りだ。1部に所属するチーム数は12。いずれも一つの企業のみが運営する。トヨタやビックカメラなど大企業が名を連ねる。2部でさえクラブチームは数えるほど。毎年行われている入れ替え戦でも1部昇格を果たしているのは企業チームのみ。確かに、クラブチームゆえのハンディがあることは否定しない。しかし企業チームでも満足な環境で戦っているチームはない。

そうした現状に岐阜から新たな風を起こしたい。明るい材料もある。何と言っても今年は、シーズン当初から新加入選手が素晴らしい活躍をしている。それに刺激を受けた選手たちも結果を出しつつある。ちょうどこのコラムの掲載日は、今シーズン前半戦の大事な戦いの翌日だ。いま、結果は神のみぞ知るという心境でこの原稿を書いている。

ここでもう少し、クラブが1部昇格を目指す意義にも触れてみたい。今後は、2020年開催の東京五輪・パラリンピックに向けて、新たな動きが数多く生まれてくる。それはスポーツ界だけに限らず多方面にわたるであろう。その一足先に、ぎふ清流国体から生まれた「岐阜方式」のクラブチームが、日本ソフトボール界、いや日本スポーツ界に新たな風を吹かせたい。

近年、いろんな競技では、一つの企業によらないクラブがトップリーグで活躍していることも皆無ではなくなった。しかし、まだまだ少数派だ。いわゆる地域にある複数の企業が、地域住民たちと共に支え合いながら運営するスタイル。岐阜発の運営スタイルが、日本スポーツ界をリードしていく姿。この姿こそが、「東京2020オリンピック」後のスポーツ界に新たな風として必要ではないだろうか。

（2017年5月28日）

東京五輪後を見据える

「日頃のつらく苦しい練習が報われ、感無量でした」。先の日曜日、女子中学生日本一の栄冠に輝いた岐阜NEXUSクラブの祝賀会に出席した。冒頭の言葉は、主将が壇上で語った言葉だ。言葉だけをみればありきたりかもしれない。しかし、その場にいた私には朴訥《ぼくとつ》とした語り口から、努力が実を結んだことへの素直な喜びが伝わった。

ご存じの通り女子ソフトボール競技は2020年の東京五輪で3大会ぶりに復活する。東京での金メダル獲得は、実績から考えても規定路線だ。故に私たちソフトボール関係者の多くが見据えるのは、東京後だ。日本ソフトボール協会では、ジュニア世代を対象に発掘・育成・強化を目指すプロジェクトが進行中だ。小学生から日本リーグ若手選手までを年代別に四つのカテゴリーに分けての強化が進む。強化担当者には、東京後もソフトボールの競技力や国際的位置を維持し続けなければとの使命感が強い。

では県内の状況はどうだろうか。県ソフトボール協会ジュニア委員会のリーダーシップにより育成・強化は順調だ。今夏は中学生日本一に加え、小学生女子でも全国3位入賞を果たした。大垣ミナモジュニアクラブも強化中だ。現在、日本代表の投手として活躍しているのは多治見西高校に通う高校生だ。県内で練習会を開催すれば多くの子どもたちが集まってくる。指導者も含めた向上心は高い。

今年7月、公益財団法人 東京オリンピック・パラリンピック競技大会組織委員会が「東京2020　アクション&レガシープラン2017」を発表した。今回は、その内容は紙幅の関係上省略するが、サブテーマに込められた思いを考えたい。サブテーマは「東京2020大会に参画しよう。そして、未来につなげよう。」とある。東京大会で培われた多くのことを一過性にしないということだ。

祝賀会で出会った選手たちは東京2020大会に何らかの形で関わりたいと話す。現実には彼女たちが3年後の東京五輪に選手として出場する可能性は極めて低い。しかも、女子ソフトボール競技が東京以降のオリンピックで継続されるかは不透明だ。だが、彼女たちの活躍の場は必ずある。また用意されなければならない。私は、彼女たちの中から、一人でも多くの選手が大垣ミナモで活躍してくれることを夢見る。県内で育った選手が、その後も県内で活動を継続する。これも広義の意味で「未来につなげる」ことになるのではないか。

（2017年9月17日）

昨季2部ホープセクション1位で順位決定節に進み、喜ぶ大垣ミナモの選手ら。複数企業で選手を雇用する先進的な取り組みで、競技力の維持・向上を目指す（2016年9月11日、大垣市浅中公園）

挑戦5年で1部昇格

「今、君が見ている夢はどんな夢ですか」。2012年のぎふ清流国体開会式で歌われた楽曲の冒頭部分だ。曲名は「君が明日と呼ぶものを」。私の元気ソングの一つだ。ぎふ清流国体後に、日本女子ソフトボールリーグ1部昇格を夢見て戦ってきた5年間。毎年昇格を逃し、弱気になる私を励まし続けてくれた。

昨年の出来事。3年連続で2部リーグセクション1位となり挑んだ決定戦。3度目の正直でと臨んだ試合も惨敗で昇格を逃した。「1部昇格は夢で終わるのか」。そんな気持ちが私の頭をよぎった。リーグ参戦5年で監督が3人。毎年のように指揮官を変える状況に強化ビジョンはあるのかという声も届く。クラブチームが1部昇格することは難しいと話す関係者もいた。確かに日本女子リーグ50年の歴史にはないことだ。

選手はひたむきな努力を傾けている。道を歩けば会う人の多くが「今年こそは1部昇格やね」と口をそろえる。私の中で、周囲の期待の高まりとは逆に「1部昇格」という言葉にある種の重苦しさを感じ始めていたのも事実だ。

冒頭の楽曲と同じように、その気持ちを和らげてくれる存在があった。毎日グラウンドに来て、辛口な言葉も含めて応援してくれる地域の方々だ。彼らの選手を見つめるまなざしは、時に優しく時に鋭い。チームの内部事情を知る私以上に選手のメンタル状態には詳しい。ズバリ指摘され、ドキッとすることが何度もあった。大垣ミナモを愛してくれている。彼らとの語り合いの中で「ミナモ愛」を感じることで1部昇格に向け前を向くことができた。

そして、この選手のことも紹介しておきたい。山田麻未投手。チーム最年長で主戦投手だ。彼女は、大学卒業後1部チームに所属していた。登板機会に恵まれず、実力を発揮できないでいた。大垣ミナモが日本リーグ参戦を決めた年に移籍してきた。彼女の大垣ミナモを愛する気持ちは誰よりも強い。地域に感謝する大切さを年若い選手に話す。

実はそんな彼女と私は意見の違いから、ぶつかり合うことが少なくなかった。お互いが持つミナモ愛の強さ故だ。1部昇格を決めた試合後に私にくれたメールを紹介する。「やっとここまで、こられましたね！　悔しいつらい思いたくさんしてきましたが、全てが報われました！　あと1歩、あと1歩と周囲の期待も年々増えていく中、結果で応えられて本当に良かった。素直にうれしかったです。何度も、生意気なことばかり言ってすみませんでした」。彼女の素直な気持ちがつづられている。この気持ちで、敗者復活戦を見事な完投で勝ち上がったのだ。

彼女の話は続く。「今シーズン限りで引退します」。意外な言葉を聞いた。「1部昇格を果たすことで役割は終えました」と続けた。「1部リーグの舞台で投げることが夢ではなかったのか」と私が返す。彼女の意思は固かった。彼女の決断を受け入れた。既にチームは来季1部での戦いの準備を始めている。岐阜方式のクラブチームが企業チームばかりの大舞台でどんな戦いができるのか。溝江香澄監督が掲げる1部定着に向け、地域の方々と一緒になり戦っていきたい。

冒頭の楽曲は「この手から次の手に伝える。未来はここにある」と続く。ぎふ清流国体・大会でのレガシーは長く受け継がれていく。

（2017年12月9日）

大垣ミナモ さぁ大舞台

1部昇格「岐阜方式」支えた企業歓喜

悲願の1部昇格を決め、応援団と喜びを爆発させる大垣ミナモソフトボールクラブの選手ら＝24日午後3時30分、静岡県伊豆市、天城ふるさと広場野球場

ぎふ清流国体のレガシー「岐阜方式」がついに日の目をみた。静岡県伊豆市の天城ふるさと広場野球場で24日に開かれたソフトボール女子の日本リーグ2部優勝決定戦で大垣ミナモソフトボールクラブがNECプラットフォームズ（静岡県掛川市）に10―6で勝利し、悲願の1部昇格をつかんだ。「地域に愛され、地域を元気にする」を合言葉に、西濃地域の企業10社に支えられてきたクラブ。勝利の瞬間、スタンドでは駆け付けた各企業の社員ら約40人が喜びを爆発させた。

クラブは2010年2月、2年後のぎふ清流国体に向け、一つのチームの選手を複数企業が雇用する、全国に誇る「岐阜方式」で産声を上げた。支援企業は、イビデンや大垣共立銀行、大光、サンメッセ、神鋼造機、西濃運輸、太平洋工業、JAにしみの、日本耐酸壜工業、矢橋ホールディングスの10社。遠征や運営などにかかる年間約4500万円の費用は、各企業や県、大垣市が負担している。

国体を一過性に終わらせず、地域密着のクラブとして育てようと1部昇格を目指し、活動を続けた。だが、過去3年、あと少しのところで昇格を逃してきた。昨年からは各企業の理解を得て練習を午後からに切り替え、選手たちの栄養を考え、西濃運輸の食堂を利用した食事提供も始めた。

後援会の大垣ミナモソフトボールクラブを育てる会には、法人88社、個人1751人が加盟（10日現在）。女性の観点からクラブを支えようと、「女性有識者による大垣ミナモの活動を支援する会」も立ち上げ、地域一体となっての後押しが見事に実った。

今季からチームの指揮を執る溝江香澄監督は「どの選手も会社の代表という自覚を持ってプレーしている。恩返しがしたいという思いが強い」と話す。

チーム創設時から関わる栗山利宏部長は「支えてくれた企業のおかげで昇格できた。感無量」。クラブの堤俊彦会長は「西濃地域の企業の連帯感がなければ実現できなかった」と語った。来季は夢見た1部のプレー。大垣ミナモの夢は終わらない。

（根尾文悟）

今後の旋風に期待

古田肇知事 ぎふ清流国体を契機に発足した「岐阜方式」のチームが、いよいよ大舞台に立つ。県の誇りであり、今後のミナモ旋風に期待したい。

市民に勇気と感動

小川敏大垣市長 市内各企業で構成された全国でもユニークなチーム。市民に勇気と感動を与え、全国に大垣の名をとどろかせたことに深く感謝したい。

（2017年10月25日岐阜新聞）

1部定着へ戦力補強

大垣ミナモの練習拠点である大垣市の浅中公園のグラウンドに立っていると、気持ち良い春風を感じるころになった。悲願の1部リーグでの試合が間近に迫ってきた高揚感が、そう感じさせてくれているかもしれない。

昨年末に開催した1部昇格報告会は、８００人を超える参加者で会場は埋まった。会場では昇格に対する祝福とトップリーグでの活躍を期待する言葉であふれた。そんな中で年配の男性が私に近寄り声を掛けてきた。「私も若いころ、夢に向かって一生懸命に努力していたことがあった。しかし、病にかかりその夢の実現をあきらめた。夢の中身は違うが、ミナモの選手が夢の実現を果たしてくれたことがうれしくて仕方がない」。そう話す男性の笑顔が選手以上に輝いて見えた。

大垣ミナモの1部昇格は、さまざまな事情で夢を途中であきらめなければならなかった人たちにも笑顔や感動を与えたのだと感じた。

今シーズンのチームスローガンを「地域密着！ 1部定着！」と定めた。チームは新たな1部定着という夢（目標）に向かって厳しい練習を連日行っている。戦力補強もした。国内の有望選手に加え、オランダナショナルチーム選手の左腕投手を獲得した。名前はエヴァ・フォールトマン選手。彼女の夢は「オランダ代表としての東京五輪出場」だ。彼女のソフトボールに取り組む姿勢は真剣そのもの。日本のソフトボールの良いところを学びたいという姿勢が言葉の壁を越えて伝わってくる。

彼女の加入は、チームにとっても良い刺激となっている。加入後、ミナモチームの中で身振り手振りを交えたブロークン英語が頻繁に飛び交っている。オランダ語ではないのは少々残念だが、試合に向けた張り詰めた緊張感の中でチームに明るさをもたらしている。

ここで平昌冬季五輪女子スピードスケート小平奈緒選手の金メダル獲得後の記者会見での言葉を引く。「他国の選手とは、スポーツは言葉のいらないコミュニケーションだと思っています。競い合って高め合っていく中で、スポーツの究極の姿が人々を動かすと思うので。競い合うことも大事なんですけど、国の文化や言葉を知ることで、さらにスポーツの楽しさが増すといいますか、他の国の選手はどんな思いを持っているのか、どんな文化を持っているのか知ることは、その競技を高めるために必要だと思っています」。

まさしく今、大垣ミナモは技術の向上に努めつつ、スポーツの楽しさを感じながら、新たな夢の実現に向けて歩み出している。新たな夢に向かう大舞台は、31日のナゴヤドームから始まる。

（2018年3月10日）

「岐阜方式」に脚光

　この原稿を日本リーグ前半戦最後の戦いの地となる山形市への移動中のバスで書いている。車内は静寂を保ったまま。大差での連敗を喫した直後だけに、何とも言えない重苦しい雰囲気が漂っている。その雰囲気にのみ込まれないように冷静にペンを走らせている。いや、走らせているつもりだ。

　今シーズンから戦いの場を1部リーグに移して臨んでいる。5月末時点で9戦し、2勝7敗。順位は10位タイ。辛うじて自動降格圏となる最下位は免れている。予想していたことだが、1部リーグのチームのレベルは全ての面において高い。投手が投げるボールのスピードに加え変化球の鋭さ。打者が放つ打球の勢い。どれもが昨シーズンまでとは格段に違うレベルだ。今、チームはトップリーグの厳しい洗礼を浴び続けている。

だが、そんな状況の中でも行く先々の会場地で注目されていることがある。紙幅に限りがあるので3点を示す。まず一つ目が「大垣ミナモ」というチーム名だ。日本女子ソフトボールリーグ51年の歴史の中で、1部リーグに初めて現れたクラブチームの存在。他は日本を代表する大手企業がチーム名だ。故に「大垣ミナモ」に関心が集まるのも当然かもしれない。

二つ目が会場にお越しいただける応援者の多さだ。これまでの開催地は、名古屋市、大垣市、北九州市、前橋市、栃木県足利市。前橋市会場の担当者が私に言った。「ミナモのユニホームには企業名やロゴがないのに、よくこんなにも企業の方が一生懸命応援してくれますね」。会場に企業からの応援者が多いことを知っての言葉だ。私は「大垣ミナモが支援企業のセカンドネームとしてなじんでいるんですよ」と答えた。

そして、三つ目が「大垣ミナモが来シーズン1部残留できるか」だ。残留決定の要領はこうだ。1部リーグは、12チームが2回総当たりで年間22試合を戦い、順位を決める。12位のチームは2部へ自動降格。11位のチームが2部2位のチームと残留を懸けて戦う。「地域密着！ 1部定着！」が今年のチームスローガンだ。何度も挑戦し、多くの方々の支えでつかんだ1部昇格。簡単には2部に戻れない。

このようにぎふ清流国体を契機に「岐阜方式」と呼ばれる複数企業でチームを運営する方式が、今再びソフトボール界でも大きな注目の的となっているのだ。このコラム欄で繰り返し述べていることだが岐阜方式のクラブチームがトップリーグでも堂々と戦う姿を見せていきたい。今日、明日と日本リーグ前半戦最後となる第5節が山形市で行われる。岐阜からの熱い声援をお願いしたい。

（2018年6月2日）

スポーツで国際交流

「オランダ語が分かるの？」。オランダの選手と楽しそうに写真を撮っている大垣ミナモの選手に尋ねる私。「全く分かりません。でも何となく通じています」と答える選手。先月末、オランダ女子ソフトボールナショナルチームが大垣市で合宿を行った際に開かれた歓迎パーティーの一幕だ。日本とオランダの選手の国を超えた交流場面に立ち会った。

オランダチームには、大垣ミナモに所属しているエヴァ・フォールトマン選手がいる。その縁もあり、大垣市が合宿地として招へいした。期間は6日間。強化練習に加え、交流プログラムが計画された。歓迎パーティーをはじめミナモとの練習試合、保育園訪問など限られた時間の中ではあったが、濃密な時を過ごした。

東京五輪・パラリンピックを2年後に控えた今、ソフトボール競技だけでなく多くの競技のナショナルチームが日本に事前合宿に訪れている。事前合宿地や会場地周辺の交通事情を調査しておくのが主な目的だ。そして、異常とも言えるほど暑い日本の気候を体感することも大切なことだとオランダチーム関係者は付け加えた。

さて、受け入れる側としての課題は何があるだろうか。チーム（選手）のコンディショニング調整に最適な環境を整えることは言うまでもない。その中で地域住民との交流の場をいかにつくるかが大事な視点だ。今回の大垣の例では、地域で収穫した野菜の提供などが行われた。保育園では、園児たちとミナモダンスで盛り上がった。当然のことだが、来日するチーム（選手）は地域住民との交流が主たる目的ではない。そこに、交流プログラムを計画する困難さがある。ましてや、本番である2020年には、受け入れ側の担当者は練習と交流プログラムの調整に頭を悩ませることになるはずだ。

冒頭のシーンに戻る。パーティーが中盤になるころには、音楽に合わせてのダンスが始まり、両チームの選手は大いに盛り上がった。ミナモの選手がオランダ音楽に合わせたダンスなど知るはずもない。きっと短時間で見よう見まねで覚えたのだろう。グラウンドで見せる厳しい表情とは違い、どの選手も満面の笑み。印象的だったのは、彼女たちの姿を見ていた参加者に笑顔が伝わっていったことだ。スポーツを通じた国際交流の素晴らしさを見た。アスリート同士の交流だけでなく、アスリートと地域住民、応援のため来日した外国人と地域住民など交流相手にはいろんな組み合わせが生まれる。20年に近づくにつれ、県内各地でもこうした交流が盛んになることを期待したい。

（２０１８年8月25日）

ミナモ魂で再び1部へ

勝負の世界は非情だ。半世紀に及ぶ歴史ある日本女子ソフトボールリーグにクラブチームとして初めて参戦した大垣ミナモ。1部定着を目指して戦ったが、力及ばず2部への降格となった。試合終了後に、集まった応援者を前に溝江香澄監督は自らを鼓舞するかのように語った。「今シーズン1部リーグでの戦いを通して学んだことを決して忘れずに、必ず1年で1部に復帰します!」。

戦いを振り返る。通算成績5勝17敗。順位は、12チーム中最下位。全22試合を通しての得点はわずかに25点。失点はそのほぼ4倍の99点。この数字が、いかに厳しい戦いを強いられたかを物語る。ただし、5勝しての最下位という順位は近年にない現象ではあるのだが。いずれにしろ、投手を中心とした守備力は高かっただけに、得点力のなさは致命的だった。

1部残留という目標を果たせなかったが1部リーグで戦った意義は大いにあったと信じている。全国各地の試合会場では、例外なく「大垣ミナモ」の生い立ちが関心の的となっていた。「ミナモってどんな意味ですか?」「クラブで運営するって大変ですよね」。私は異口同音に発せられる問い掛けに答えた。そして、応援のために来場する人の多さも注目を浴びた。開幕戦には3千人、地元大垣大会には5千人を超える応援者がスタンドを埋め尽くした。特に、この大垣大会での観客数は、今シーズン1部リーグの観客動員数ベスト3に入っている。多くの人が声をからしながら、一投一打に声援を送ってくださった。スポーツを通して地域を活性化するということには、少しばかりの貢献はできたのではないか。負け試合が多くて元気を届けられたかは微妙かもしれないが……。

チームは、1部への再昇格を目指して活動を再開した。毎年この時期には、数人の選手が退いていく。来年は創立10年という節目を迎える中で、選手交代による新陳代謝も必要だ。その結果、ぎふ清流国体を経験した選手がチームからいなくなることになった。国体のレガシーチームとしては、寂しさを感じざるを得ない。しかし、大垣ミナモの源流には、脈々と「清流ミナモ魂」が流れ続けていく。

2020年のオリンピックイヤーには、再び1部リーグへの復帰を果たしたい。溝江監督のあいさつの最中に、応援者の1人から激励の声が飛んだ。「ミナモの居場所は1部しかないぞ！」。その言葉を選手一人一人が胸に深く刻み込んだ。

（2018年11月10日）

大垣ミナモ降格

総得失点差で最下位決定

ソフト女子 日本L1部

ソフトボール女子の日本リーグ1部最終節山梨大会最終日は21日、富士北麓公園で2試合を行った。大垣ミナモSCはホンダ（栃木）に1－2で惜敗した。通算成績は5勝17敗で伊予銀行（愛媛）と並ぶが、総得失点差で大垣ミナモの最下位が決まり、来季2部に自動降格となった。

大垣ミナモは、前日の豊田自動織機戦に続いてマウンドを託されたエレン・ロバーツが相手打線を4安打2失点に抑える好投を見せたが、打線が沈黙した。2番奥あかねが適時打を含む2安打するなど気を吐いたものの、相手の左腕ジェイリン・フォードの球威ある直球に抑え込まれた。七回に1点を返したが、反撃は一歩及ばなかった。

＝県関係分

ホンダ（8勝14敗）
1000100＝2
0000001＝1
大垣ミナモSC（5勝17敗）
（ホ）ジェイリン－田井（大）エレン－平川

ホンダ×大垣ミナモSC＝7回表ホンダ2死一、二塁、ピンチで声を掛け合う選手＝富士北麓公園

打力不足痛感、再起誓う

「何としても勝ちたかった」。試合後、主将の平川穂波は目に涙を浮かべながら、入れ替え戦出場が懸かった一戦を落とした悔しさをあらわにした。

前日の豊田自動織機戦は8－2で快勝し、いい流れで臨んだホンダ戦。勝ちたい気持ちが強すぎたせいか「序盤から緊張で選手の動きが硬かった」と溝江香澄監督。余分な失点や好機に得点できなかったことを敗因に挙げながらも「最後の最後まで相手を苦しめられたのは力が付いてきたということ」と前を向き、「選手にまた1部でやりたいという強い気持ちを持たせられるかが今後の鍵」と話した。

「1部では好投手を打ち崩さないと勝てないことを改めて実感した」と溝江監督が振り返るように、この日も相手左腕に苦戦した。平川も打力不足を実感し、2試合続けて好投の先発エレン・ロバーツを援護できなかったことを悔やんだ。

その上で「失投や配球ミスなど一つのミスで流れが変わる一球の厳しさを身を持って知った」と1部でのプレーで感じた点を口にし、打力とミスをしない守備力を磨き「2部では全勝。圧倒的な力を見せつけて必ず1部に戻ってくる」と力を込めた。1部での経験を糧にレベルアップを図り、大垣ミナモの再起に期待したい。

（杉原康仁）

（2018年10月22日岐阜新聞）

設立10年目「必昇再輝」

「必昇再輝《ひっしょうさいき》」。設立10年目を迎えた大垣ミナモソフトボールクラブの今年のスローガンだ。その意味はこうだ。1部リーグ復帰（昇格）を果たして、応援してくださる皆さんと共に輝き笑顔を分かち合いたい。

クラブ設立は2010年2月1日。ぎふ清流国体まで2年余りに迫った時だった。国体終了後も活動継続が決まり、クラブの使命は、国体での活躍からスポーツによる地域活性化へと変わった。

昨年は女子ソフトボールクラブチームとして初の1部昇格と1年での2部への降格を味わう激動のシーズンとなった。振り返れば、設立からの道のりは決して平坦なものではなかった。いや、今もその厳しい道のりが続いていると言った方が正確だ。ただ、クラブには、こうした時にこそ支えていただける市民や支援企業の大きな力がある。クラブが10年目を迎えることができたゆえんだ。

選手たちはその期待に応えるべく、今月1日から熊本県八代市で春季キャンプをスタートさせた。主将を務める3年目の平川穂波選手が屈託のない笑顔で力強く語ってくれた。「私は、正直に言えばミナモで3年間プレーできればいいかなと思っていました。でも、応援してくださる多くの方に恩返しするためにも、このままではやめられません。来年はもう一度、1部でプレーするのでよろしくお願いします」。

私はその時、昨シーズン、打線が振るわずチームが苦しんでいる時に、涙を流しながら選手たちに奮起を促していた彼女の姿を思い起こした。いつもは陽気な彼女の、周囲も驚くほど真剣な姿に、主将としての責任が重くのしかかっていることを感じた。もちろん平川主将に限らない。溝江香澄監督以下全員が1部復帰を果たして、応援者への恩返しをしたいと誓っている。繰り返しで恐縮だが、地域や支援企業の支えと選手たちの感謝の気持ちが重なり合って、クラブは歩みを続けている。

しかしこれからは、今まで以上に一年一年がいろいろな面で勝負となることも事実だ。1部に復帰したとしても、どんな戦いができるのか。こうした戦績にとどまらず、地域にとってクラブがどれだけ活性化をもたらす存在となり得ているのか。設立当初と比較すると、運営規模の拡大やスポーツを取り巻く環境は変化している。運営に関するさまざまな課題も浮かび上がってきている。

次なる10年を目指すためにも、課題への対応が急務だ。クラブへ並々ならぬ愛情を注ぐクラブチームの堤俊彦会長からも議論を開始するべく指示をいただいているところだ。それと並行しながら10年目はクラブ一丸となって、地道かつ愚直に精進を重ねて結果を出すことも大事だ。シーズンが終了する秋には、必ずや1部昇格を果たし、クラブ設立10周年を皆さんと共に祝い、再び輝ける年としたい。

（2019年2月9日）

大声援が「必昇再輝」後押し

先週末に金沢市で、ソフトボール女子の日本リーグ2部が開幕した。大垣ミナモソフトボールクラブ創立10年目の記念すべき年のスタートだ。スローガンは「必昇再輝《ひっしょうさいき》」。チームは1年での1部リーグ復帰を目指す。今回は、開幕で最も輝いていた選手を取り上げたい。奥あかね選手だ。今年でクラブに入って6年目を迎えた。いつの間にかチーム最古参選手となった。出身は金沢市。高校時代まで過ごした故郷で開幕戦を戦った。彼女はクラブでの不動の1番打者を担う。そして最初の打席で見事にヒットを放った。口にこそ出さないが、相当なプレッシャーを感じていたはずだ。しかし、終わってみれば5打数3安打2打点の大活躍で、クラブの開幕戦勝利に大きく貢献した。

時を少しさかのぼる。昨年のシーズン終了後に、彼女は私に現役を引退したいと申し出た。彼女のプレーヤーとしての能力は、1部復帰に向けては必要だ。溝江香澄監督も私と同じ考えだ。彼女自身の中にも、迷いがあるように感じた。私は再考を促した。彼女は所属する企業の上席や同僚にも相談すると話した。そして数日後、現役引退を撤回した。

時を戻す。開幕戦は、地元大垣市を中心に多くの応援者が会場に駆け付けた。その中で、偶然にも私の隣で奥選手の高校時代の同級生たちが大きな声援を送っていた。「奥選手の応援に来てくれてありがとう」。私から声を掛けてみた。その中の1人が、「同級生の中で今なお現役でプレーしているのはあかね（奥選手の名前）だけなんです。彼女の存在は私たちの誇りです」と答えてくれた。試合中、同級生の大きな声援が途切れることはなかった。故郷で開幕戦を迎えることができた奥選手にとってもその同級生たちにとっても思い出に残る一日となったことは言うまでもない。試合後に満面の笑みで写真を撮る彼女たちを見ながら、まさしく「故郷に錦を飾る」だなと感じた。
　わが国のスポーツ立国戦略は、スポーツをする人・支える人・見る人を大切にしている。見る人がいてくれてこそ、トップアスリートの競技力向上も実現できるという考え方だ。折しも県内では、今秋に日本スポーツマスターズ２０１９ぎふ清流大会が開催される。県代表選手への応援はもちろんだが、県外から参加する県出身選手や自身と何かしらの縁がある県外選手を応援することも大会の盛り上げにつながるのではないかと思う。

（２０１９年４月27日）

1部再昇格へ高い意識課題

「前半戦6戦6勝。1部への再昇格は間違いないですね」。ソフトボール女子の日本リーグ2部で大垣ミナモソフトボールクラブが今シーズン前半戦を全勝してセクション1位で後半戦を迎える。多くの方から冒頭のような激励の言葉をいただく。しかし、私は1部再昇格への道は9月に再開される後半戦までどう過ごすかが大きな鍵を握っていると考えている。具体的に言うならば、技術の向上だけでなく、メンタル強化・体調維持管理、チーム内の良好なコミュニケーションの持続だ。

大垣ミナモが日本リーグに参戦して7年。過去6年間で、1部昇格を果たしたシーズンを除けば、必ず後半戦に大きく成績を落としている現実がある。直近では、２０１６年も前半戦を全勝で終えた。ところが後半戦再開直後の試合を落とし３敗。辛うじてセクション１位で通過し、順位決定戦に臨んだが、入れ替え戦にすら出場できず惨敗を喫した。

このことについては、溝江香澄監督や平川穂波主将らと同じことを繰り返さないために何をすべきかを話し合っている。リーグ中断中のこの時期だが、猛暑の中、クラブ選手権や国体予選、夏の強化合宿などハードな日程は続く。当然、栄養と休養も強化には欠かせない大事なメニューとなる。チーム宿舎がない故に選手は練習後の生活を自己責任の下で送る。選手たちに、１部再昇格を果たすための高い意識づくりを求めていくことが課題だ。

後半戦初戦は地元大垣市でリーグが開催される。自然と市民や企業からの期待と注目が高まる。地元大垣市で開催できるリーグ戦は年に１回しかない。選手の誰もが日頃から応援してくれる方々へ、ベストプレーを見せたいと考える。その一方で、果たしてベストプレーができるだろうか。そもそも試合に出場できるのだろうか。さまざまな不安が襲ってくるのも事実だ。その不安に押しつぶされそうになり、メンタル面の不調に陥る。加えて疲労を十分にリカバリーできずに競技力低下を招いてしまう。私はこうしたことが後半戦の戦いが低調になる傾向の誘因の一つではないかと分析している。

「人間力なくして、競技力向上なし」。これは日本オリンピック委員会が掲げる精神だ。夏に心身共に鍛えて9月6日から大垣市で再開されるリーグ後半戦で、たくましく成長した大垣ミナモの姿をお見せしたい。

（2019年6月29日）

豪選手のひたむきさに感銘

ラグビーW杯での日本代表の活躍が、観戦する人たちに元気と感動を与えている。これこそがスポーツが持つ力だ。ラグビー日本代表に外国人選手が所属し活躍しているように、ソフトボール女子日本リーグ2部の大垣ミナモにも外国人選手が2人在籍している。その中の1人、エレン・ロバーツ選手を紹介したい。オーストラリア出身。同国ナショナルチームにも選ばれている速球派投手だ。大垣ミナモに所属し2年目。昨年は1部で4勝を挙げた。今年は2部で5勝を挙げている。頼れるチームの大黒柱だ。

チームは、1部リーグへの復帰を目指し、先週末に北九州市で開催された順位決定戦に挑んだ。この大事な戦いの先発投手として起用されたのがエレン・ロバーツ投手だ。試合は緊迫した投手戦。勝てば1部リーグ昇格となる試合故に両チーム共に一歩も譲らない展開だった。試合中盤にスクイズで決勝点を奪われ、1対0で敗戦となった。

この試合に限らず彼女は味方がチャンスを生かせず得点できない場面が繰り返されても、ただひたすらに投げ続ける。イニングの間の私からの問い掛けには、笑顔を見せながら日本語で「大丈夫！」が決まり文句だ。9月下旬、いつも笑顔を絶やさない彼女が私にさえない表情を見せた。実は東京五輪アジア・オセアニア予選のベンチ入りメンバーから外れたのだという。オーストラリアチームは予選を通過し来年のオリンピックに出場が決定したのだが、彼女の心境は複雑だ。私が「本番にはベンチ入りできるよう頑張ろう」と励ますと、彼女はうなずいた。そんな出来事もあっての今回の試合。だからこそ、彼女に勝たせてやりたかった。

「試合を楽しめた。でも勝てなかったから、応援してくれる人たちにはごめんなさいです」。エレン・ロバーツ投手は大垣へ戻る新幹線の中で通訳を介して話してくれた。「必昇再輝《ひっしょうさいき》」に向けた厳しい道のりは、まだまだ続く。来月開催の1部リーグ11位チームとの入れ替え戦に再昇格を懸けて戦う。今さらだが、大一番で力を発揮するためには、笑顔と冷静でひたむきな姿勢を忘れてはならないと彼女から教えられた。チーム全員で共有したい。「私は、オーストラリアと同じくらい日本が好きです。そしてミナモを愛しています」。屈託のない笑顔の彼女と岐阜羽島駅で別れ、家路に就いた。

（2019年10月19日）

五輪の年に「必昇再輝」成就を

「必昇再輝《ひっしょうさいき》」ならず。ソフトボール女子日本リーグ1部復帰まであと1人の打者。いやあと1球だった。1部のチームとの入れ替え戦に臨んだ2部の大垣ミナモ。先に2勝したチームが1部所属となる試合。1勝1敗で迎えた3試合目。先発したエレン・ロバーツ投手が、必死の形相で投げ一進一退の展開となった。終盤に待望のタイムリーヒットが出て勝ち越した。1点差の展開だがリードを奪った。そして、投手を代えて迎えた最終回。二死ツーストライクまで追い込んだ。誰しもが、「必昇再輝」を確信した瞬間だった。

しかし、そこから信じられない悪夢が待っていた。その打者には、センター前にポテンヒットを打たれた。そして次の打者に投じた初球が無情にも左中間を破るサヨナラツーベースヒットとなった。1部復帰の夢がはかなく散った。大垣市から応援に駆け付けたファンの人たちもぼうぜん自失。私自身も長くソフトボールに関わってきたが、こんな試合展開は経験したことがない。いつもなら試合終了後に行うファンへのあいさつもできずにグラウンドでわれを失っている選手たち。私も全身から力が抜けた状態だったが、グラウンドに行き選手たちにあいさつするよう促した。その時の雰囲気は今でも忘れられない。誰もがどこを見つめているのか分からない。体は微動だにしていない。そこの空間だけ時が止まっているようだった。

本当はしばらくそっとしておいてやりたかった。私からの「あいさつに行こう」の声で、選手たちはやっと動き始めた。ファンの前で整列し声援へのお礼を述べていた時に声が飛んだ。「(大垣)ミナモは不滅だ!」。そしてその声に同意する拍手。私は涙が出そうになるくらいその言葉がうれしかった。大垣ミナモは今年創立10年目を迎えていた。その節目に1部復帰、「必昇再輝」を成し遂げたかった。多くのファンの期待に応えられなかった。きっとその時に声を発した方も選手同様に悔しかったに違いない。選手と共に戦っているからこそ発せられた言葉だった。

クラブのコンセプトは、今まで小欄で何度となく述べてきた通り、「地域に愛され地域と共に歩む。地域に元気と勇気を与える存在となること」だ。東京五輪・パラリンピックが契機となり、スポーツが地域活性化の起爆剤となるはずだ。スポーツで人々をつなぎ、地域づくりに貢献する大垣ミナモでありたいとの思いは強くなる。ファンの方々の温かい声援に甘えてばかりはいられない。今年以上に競技力を高めなければ、1部復帰はない。クラブとしては1部での実績もある監督を迎え入れた。そして大学日本一の実績を持つ新人も加入する。来るべき2020年のオリンピックイヤーは、必ず「必昇再輝」を成し遂げる年としたい。

どうか皆さまにとっても来年が良い年となりますように。

（2019年12月28日）

スポーツ通じ笑顔を伝える

新型コロナウイルスの感染拡大により、ソフトボール女子日本リーグ２部の大垣ミナモが参加予定だった大会も軒並み中止になっている。ファンの皆さんと選手が交流するイベントも延期した。例年多くの方々が楽しみにしているだけに延期は苦渋の決断だった。

「こんな時だからこそ、あの時と同じように今できることを精いっぱいやっていきたい」。そんな折に新人選手が私に発した言葉だ。彼女の名前は阿部里奈選手。今春、日本体育大学を卒業した。大学では2年連続で大学日本一の栄冠に輝いた。レギュラー外野手として俊足を生かして活躍した。宮城県石巻市出身の22歳。２０１１年に起きた東日本大震災の被災者だ。

彼女から当時の様子を聞いた。震災は中学1年の時。その日は通学する学校の卒業式があった。式典参加後、友人と一緒にコンビニにいた時に地震が発生した。機転を利かせた彼女はすぐに高台に避難した。自宅にいた祖父と弟は津波に流されたが、助けられて九死に一生を得た。仕事に出掛けていた両親も無事だった。だが自宅は跡形もなく流失した。5日間にわたり避難所で過ごし、水が引いたころを見計らい自宅へ戻ろうと避難所を出た。途中には幾多の犠牲者の遺体が横たわっていた。脳裏には深い悲しみと共にその痛ましい光景が刻まれた。

震災から9年の歳月が流れ、大学を無事に卒業、社会人として大垣の地に来た。彼女はしみじみと話す。「大好きなソフトボールを続けられることに喜びを感じている。支えてくれた方々に感謝の気持ちでいっぱいだ」。新型コロナウイルス感染拡大が止まらない中、「あの時と同じように、どんな困難にも勇気を持って立ち向かっていきたい」と前を見据えた。私はアスリートとしては幾分きゃしゃな姿からは想像し得なかった芯の強さを感じた。

私も震災当時を思い起こす。ぎふ清流国体が1年後に迫り強化に取り組んでいた時期だ。練習を続けていいのだろうかと思い悩んでいた。選手と共にアスリートができることは何かを考えた。愚直に競技に一生懸命取り組み、その姿を見てもらうことで勇気や元気を与えていこうと考えたことを思い起こした。スポーツが持つ力を発揮することが大切だ。この姿勢は今回も変わらない。震災で負った心の傷を、スポーツを通して克服した阿部選手にも学びたい。世界を震撼《しんかん》させているウイルス感染が一日も早く終息を迎えることを願いつつ、スポーツを通じて笑顔や元気そして勇気を多くの方々に伝えていきたい。

（2020年3月28日）

「地域と歩む」揺るがぬ信念

「妻が娘と公園で遊んでいた時、ミナモの選手が優しく声を掛けてくれました。笑顔で接してもらった娘は大喜びしたそうです」。私の知人が満面の笑顔で話してくれた。ソフトボール女子日本リーグ２部の大垣ミナモは、今月からホームグラウンドである浅中公園でクラブの活動を再開した。初日は公園周辺のごみ拾いから始めた。再びこの公園でソフトボールができることへの感謝を行動で示したいと選手が自発的に行ったものだ。冒頭で紹介した出来事は何気ない一こまかもしれない。ただミナモの選手が持つ魅力が幼い少女を笑顔に導いたのだ。

先月、クラブは設立から10年を経過したことを受けて、「大垣ミナモグランドデザイン検討会議（MINAMO VISION 2030）」を立ち上げた。ぎふ清流国体を契機に設立されたクラブは、地域に愛され地域と共に歩むことをコンセプトとして10年の月日が流れた。そのコンセプトは果たせているのか。県民（市民）に愛される存在となっているのか。次なる10年のコンセプトは何か。ぎふ清流国体のレガシーとして未来に向かって持続していくための課題は何か。会議で議論すべきテーマは尽きない。

メンバーには、クラブチームの堤俊彦会長、クラブを育てる会の小川信也会長に加え、各界で活躍中の有識者を選んだ。既に2回の会議を開き、活発な議論を展開中だ。クラブに設立から携わっている私には少々耳の痛い話もある。その一つが「大垣ミナモって大垣市民にどれだけの認知度があるのでしょうか」というメンバーからの意見だ。クラブの活動の様子は岐阜新聞など多くの媒体で取り上げられ、毎年大垣市で開催する日本リーグは、多くの方から声援をいただいている。決しておごるわけではないが、認知度は高いと考える私との温度差を感じた。

会議の動きは速い。この問題を検証するために、県民を対象にした認知度調査をすることになった。クラブの10年間の歩みが問われるようで結果が出るまで落ち着かない。冒頭で紹介した選手と幼い子どもとの何気ない触れ合いのような地道な行動が「大垣ミナモ」の認知度を高めると信じている。

私には設立以来、大垣ミナモに対する揺らぐことのない信念がある。それは「大垣ミナモは地域と共に歩むことで強くなっていく」ということだ。「地域に愛され、みんなも笑顔　私も元気」。これは、第2回の会議で示されたキャッチコピーの案。今の時代にこそ実践していきたい言葉だ。

（2020年6月13日）

短期決戦に「必昇再輝」誓う

今日、ソフトボール女子日本リーグ2部が大垣市の浅中公園で開幕する。当初の開幕予定は4月だった。新型コロナウイルス感染拡大のため前半戦7試合は中止。大垣ミナモは後半戦7試合の結果次第で1部昇格が決まる。

今年の活動を振り返る。年始に行う恒例の必勝祈願では、経験豊富な監督や即戦力の新人を迎え、あと1球に泣いた昨シーズンのリベンジを誓った。その後、新型コロナ感染拡大とともに、予定したオープン戦はことごとく中止となった。浅中公園の閉鎖により練習も休止に追い込まれた。選手たちはステイホームを余儀なくされた。その後、徐々に活動を再開させた。

感染終息が見通せない6月中旬に、1部強豪チームとプレシーズンマッチを実施した。閉塞感《へいそく》が漂う中で、県民の皆さんにスポーツの力で元気や笑顔を届けたいと願った。試合前には、参加選手全員で、医療従事者への感謝の気持ちを伝えるセレモニーを行った。選手たちの心の中には、ソフトボールができる喜びを形として伝えたいとの思いがあった。この試合は、クラブ公式ユーチューブチャンネルや岐阜放送などで放送された。息詰まる投手戦となったこともあり、真剣にプレーする姿が見る人の心に響いた。

開幕直前の8月末、大垣市役所ではクラブを応援する機運を高める催しを行った。選手紹介やプレー写真などが展示された。そのスタートセレモニーでの平川穂波主将のあいさつを紹介したい。「クラブの存在をもっともっと市民の皆さんに知ってもらいたい。そしてコロナ禍の中、元気や勇気を届ける活動をしていきたい」と力強く語った。

内容はいつもと変わらないものだ。しかし、私は彼女の表情や口調はいつもと違うと感じた。ウイルス感染が続く中で、ソフトボールを当たり前のようにできていたことが当たり前でなくなった。このことが彼女に何かしらの変化をもたらしたのだろう。私が主将を褒めるのも気恥ずかしいが、心に響く素晴らしいあいさつだった。

冒頭に記したように、今シーズンはわずか7試合しかない。10月中旬の最終戦まで1カ月間の短期決戦となる。今年も「必昇再輝《ひっしょうさいき》」をスローガンに掲げて戦う。ウィズコロナの中でも、地域の皆さんと共に戦い、共に笑顔で輝けるシーズンとしたい。今週末地元大垣市で、感謝の気持ちと笑顔を忘れずに戦いたい。それぞれの場所から、皆さんのご声援をお願いしたい。

（2020年9月12日）

「必昇再輝」2年越しの悲願

「必昇再輝《ひっしょうさいき》」。必ず昇格して再び輝く。大垣ミナモソフトボールクラブは、ソフトボールの女子日本リーグ2部で優勝し、2年越しの悲願だった1部復帰を果たした。あらためて、多くの方々からのご声援に感謝したい。

話を北九州市でのリーグ最終戦に移す。勝てば1部復帰が決まる試合。最終回2点リードして最後の守備に就く。ベンチから見守る私の脳裏に思い起こされたのは、昨シーズンの入れ替え戦だ。あと一つのアウトを取れば1部復帰が決まる場面。逆転打を許し、まさかの敗戦。1年間にわたり悩まされ続けた情景が浮かぶ。そして今年もあと一つのアウトを取れば1部復帰が決まるところまで来た。サラ・パウリー投手が渾身《こんしん》の力を振り絞ったボールが平川穂波捕手のミットに投げ込まれた。空振り三振。ゲームセット。1年前の悪夢が私の脳裏から消えた。

なおも今シーズンを振り返る。新型コロナウイルス感染拡大により、日本リーグ2部前半戦7試合は全て中止となった。そして、練習拠点の大垣市浅中公園の閉鎖に伴い活動停止を余儀なくされた。選手たちは長い自粛期間に入る。6月に入り、やっと1部強豪チームを大垣市に招いてプレシーズンマッチを行う。強豪相手に熱戦を展開した。コロナ禍の中だったが両チームの選手の懸命なプレーが随所に出た。県民に元気を与えることができたとの思い。そして待ちに待った日本リーグ開幕を迎えた。しかも地元大垣市がスタートの地となった。選手の意気は上がる。ここで勝負の厳しさを味わうことになる。開幕戦を勝利で飾り、「必昇再輝」へと一直線に向かうはずだった。相手チームの1本の本塁打に泣き黒星スタート。翌日の試合も延長戦にまでもつれ込み、やっとのことで勝利した。その後は、百戦錬磨の望月孝雄監督の采配が光り、試合ごとに活躍する選手が生まれた。チームは勢いづいた。全員が一つになり残り試合を全勝した。

来シーズンからは活躍の場を1部リーグへと戻す。前回（2018年）の1部在籍時に味わった残留に1勝が足りなかった悔しさを忘れずに戦いたい。選手は入れ替わってはいるが、脈々と受け継がれている大垣ミナモマインドもある。ウィズコロナの時代の中で、地域に愛され、地域に元気と笑顔を届けるという「ぎふ清流国体のレガシー」としての存在を地方から全国の地に広めていきたい。

（2020年11月28日）

支援者の前で来季の一層の飛躍を誓う大垣ミナモの監督と選手ら
(2020年11月15日、大垣フォーラムホテル)

努力する姿で笑顔届けたい

日本女子ソフトボールリーグに参戦する大垣ミナモの設立は、2010年2月。設立以来「地域と共に歩み、地域に元気と笑顔を届ける」ことをクラブ運営の一丁目一番地としてきた。今も地域の皆さんや県、大垣市、そして支援企業に支えていただきながら、歩みを続けている。

そうした中で昨年5月、今までの歩みを振り返り、これからのあるべき姿を描こうと「大垣ミナモグランドデザイン検討会議」を立ち上げた。7回にわたる会議は、外部識者もメンバーに加わり多角的視点から展開される熱い議論の連続だった。そしてこのほど、クラブの将来ビジョンを描いた「MINAMO VISION 2030」を取りまとめた。その詳細は紙幅に限りがあるため割愛し、ビジョンの中で定めたクラブ理念についてのみ述べてみたい。

理念を「地域に愛され、みんなも元気」とした。地域に愛されることには、多くの方々から応援していただける存在であることに加え、地域を、ソフトボールを通して活性化させることも含む。地域コミュニティーの維持につなげることでもある。練習のある日は必ず数人の地域住民に大垣市浅中公園にお越しいただいている。彼らは選手への激励はもちろん世間話にも花を咲かせている。設立以来、変わらぬ光景である。選手たちが懸命に練習に打ち込む姿を見ることにより、見ている方も元気と笑顔を忘れずにいる。まさしく「みんなも元気」なのである。

ここまで書いたところで、少し私の不安？（心配？）を吐露したい。今シーズンは、日本リーグ1部という最高峰の舞台で戦う。大垣ミナモが2部の試合で敗戦することは、極めて珍しかった。7シーズン在籍した2部リーグでの勝率は約8割と高い。ところが前回1部で戦った2018年は22戦5勝17敗で勝率は約2割しかない。スポーツの世界は、勝利することで笑顔や元気を届けることができる。だからこそアスリートは勝利を目指す。そこに私の不安が重なった。

チームは、今月1日から2週間にわたり、1部リーグで通用するパワーとスピードを付けるため春季キャンプを実施した。10人の新加入選手が加わり、活気のあるキャンプを過ごした。懸命にボールを追う彼女たちを見ていると過去の通算成績を気にせず、彼女たちの無限の可能性に期待しようと思い直した。同時に、努力する姿によって届けることができる元気や笑顔もあると気付いた。12年目の今シーズンも、多くの地域住民の方に支えていただきながら「地域に愛され、みんなも元気」という理念を実践していきたい。

（2021年2月20日）

「挑戦者」強豪2チーム撃破

「君たちは挑戦者だ。失敗こそが経験になる。全てのチームが格上だ。恐れずに立ち向かえ」。望月孝雄監督が繰り返し選手に伝えている言葉だ。大垣ミナモは、3年ぶりに日本女子ソフトボールリーグ1部で戦っている。現在まで9試合を戦った。通算成績は4勝5敗。1部リーグチームの競技力は、昨年まで所属していた2部リーグとはレベルが違う。投手が投げるボールは、球速100キロ以上だ。110キロを超す投手も珍しくない。2部リーグでは、100キロを超える投手は、ほとんどいなかった。打撃成績が物語る。チーム打率は、1割5分4厘と1部リーグ12チーム中最下位だ。おまけに個人の打撃成績を見ても、30位までにランクインしている選手が見当たらない。

ここまで少々自虐的な数字を羅列したが、奮闘ぶりも記したい。4月に地元大垣市で試合が開催された。対戦相手は、昨年のレギュラーシーズン覇者のトヨタ自動車だ。多くのファンは、3年前の1部リーグでの屈辱的な敗戦が頭に浮かんでいたに違いない。思い出したくもないが、2試合の結果は23－2と12－0だ。ベンチにいた私は、一方的に打ち込まれる投手陣に掛ける言葉を失っていた。

ところがである。今季は、1－0で大垣ミナモが劇的な勝利を挙げたのだ。この試合の先発投手は金丸侑志帆《ゆきほ》選手だった。彼女は地元岐阜市出身。実は、彼女がこの試合に先発することは、今年1月に試合日程が決まった時に、望月監督から告げられていた。勝利投手にはなれなかったが、彼女のソフトボール人生に忘れられない出来事として加わったはずだ。

その1週間後、ビックカメラ高崎と対戦した。今夏の東京五輪日本代表7人を擁するチームだ。エース上野由岐子投手はけがのため欠場するも、相手投手は藤田倭《やまと》選手。もちろん日本代表投手の1人だ。当然だが、誰もがビックカメラ高崎の圧倒的勝利を信じていたはずだ。

再び、ところがである。試合は同点で迎えた最終回に大垣ミナモが新人伊藤梨里花選手の決勝ホームランで劇的な勝利を挙げたのだ。今年で54回を数える日本リーグでは2008年以降、ビックカメラ高崎とトヨタ自動車で優勝を分け合っている。その2強を前半戦の1試合とはいえ撃破した。ちまたでは「大垣ミナモって強いの？　弱いの？」との声が飛び交っている。

ここで冒頭の望月監督の言葉に戻る。「恐れずに立ち向かえ」。大垣ミナモが挑戦者であることを忘れずに戦っていきたい。今日から島根県出雲市で前半戦最後の2試合を戦う。ご声援をお願いしたい。

（2021年5月8日）

1部での6勝目に向き合う

勝てない苦しみが続いている。東京五輪期間を挟み、3カ月ぶりに再開された日本女子ソフトボールリーグ1部での戦い。前半戦を5勝6敗の成績で折り返した。今季は混戦模様の前半戦。大垣ミナモも金メダルを獲得した日本代表選手を数多く擁すビックカメラ高崎やトヨタ自動車に勝利した。後半戦の戦い次第では上位に食い込む勢いだった。

後半戦初戦は、チーム内に新型コロナウイルス陽性者が出て出場辞退した。先月中旬に愛知県安城市で開催された試合が後半戦スタートとなった。初日は前半戦で勝利したトヨタ自動車との対戦。東京五輪で活躍した後藤希友《みゆ》投手を打てず零封された。翌日はシオノギ製薬との戦い。2点リードして最終回を迎える。先頭打者に四球を与えた上に、内野守備の乱れが重なり、あっという間に4失点し2連敗を喫した。後半戦初勝利は、あっさりと手中からこぼれ落ちた。

そして、今度こそ初勝利をと意気込んで臨んだ愛媛県西予市での試合。少ない得点機を生かすミナモらしさが全く感じられない試合となり惨敗。後半戦4連敗だ。通算成績は5勝10敗。負け数が勝ち数の倍となった。大垣ミナモにとって、6勝目の持つ意味は後半戦初勝利だけにとどまらない。前回1部リーグで戦った2018年のシーズン勝利数が5勝。1年で2部に戻った屈辱の成績でもある。

大垣ミナモ4連敗

大垣ミナモＳＣ×ホンダ＝１回、ピンチを招き、マウンドに集まる大垣ミナモの選手ら＝西予市営宇和球場

ソフト日本L 女子1部

ソフトボールの日本リーグ女子1部第7節最終日は3日、愛媛県の西予市営宇和球場などで6試合を行い、大垣ミナモSCはホンダ（栃木）に0―12で大敗し、4連敗となった。順位は10位。

大垣ミナモは先発のエレン・ロバーツ（西濃運輸）が4回11失点（自責点10）と崩れ、打線も4安打に終わった。

望月孝雄監督は「先頭打者に四球を出して失点を重ねる悪循環が続いている。大垣大会までには後半戦初勝利を挙げられるようチームを立て直していきたい」とコメントした。

次戦は、第8節第1日の9日、埼玉県の川口市営野球場で太陽誘電（群馬）と対戦する。

＝県関係分

大垣ミナモSC（5勝10敗）
000000＝0
ホンダ（10勝6敗）
423210×＝12
（大）ロバーツ、中山、内藤―須藤、田立（ホ）カーダ、秋豆、竹田―棚町、大塚、安山▽本塁打 杉本（ホ）▽二塁打 塚本、棚町 下村（ホ）

（2021年10月4日岐阜新聞）

この勝利数を超えたい。私だけのこだわりかもしれないが、6勝目を挙げることで1部に復帰した意義がより高くなると信じている。

話を少しそらす。来シーズンからは、リーグ運営方式が大きく変わる。リーグ名称はJDリーグ（Japan Diamond Softball League）となる。現行の1部リーグ所属12チームに4チームが新たに加わる。東西に8チームずつ分かれて戦うことになる。試合数も増えて29試合になる予定だ。話を戻す。だからこそ、2018年の勝利数を今年で超えたいと願う。

「勝ちだけが価値ではない」。こんな言葉もある。大垣ミナモは勝利至上主義を掲げているわけではない。地域に元気と笑顔を届けたい。せんえつだが、大垣ミナモの存在が地域住民にとっての誇りでありたい。そのために大垣市内だけでなく県内の小・中学校に積極的に出掛けて子どもたちとソフトボールを通しての交流を続けている。

今はコロナ禍で活動を控えているが、警察署や関係団体が実施するさまざまな啓発活動にも進んで参加している。将来的には、高齢者や障害者の方々との交流も実現したい。コロナ禍さえなければ東京五輪・パラリンピック終了後には、全国各地でスポーツを通した地域活性化を目的としたさまざまな取り組みがされたであろう。それを今さら嘆いても仕方ないことではあるが。

大垣ミナモは、目先の6勝目も大事にしたい。しかし、新たなリーグのコンセプトでもある地域密着型クラブを目指していきたい。先のオリンピックでも活躍した水泳の池江璃花子選手の言葉を引く。「遠くに希望があるから逆境や困難に向き合える」。私には胸に染みる言葉である。

（2021年10月9日）

東京五輪の熱狂つなぐ使命

今年の大垣ミナモの戦いを振り返る。3年ぶりに日本女子ソフトボールリーグ1部へ復帰し、4月に開幕を迎えた。チームの柱だった平川穂波選手らが退き、新人選手9人を加えてのスタート。1部リーグの中でも平均年齢は一番若い。このことが魅力でもあり、時としてもろさともなる。経験不足もあり開幕から2連敗を喫す。白星がないまま、地元大垣での試合を迎えた。しかも相手は強豪トヨタ自動車だ。

チーム内には重苦しい雰囲気が漂う。容赦なく試合が始まる。試合序盤に大垣ミナモが先制点を挙げた。その後は、息が詰まるような投手戦が展開される。スタンドに詰め掛けた大垣ミナモファンも固唾《かたず》をのんで試合を見守る。相手の最終回の攻撃を無得点に抑えゲームセットとなる。地元大垣で記念すべき初勝利を挙げた。試合終了後には、多くのファンと選手で喜びを分かち合った。前半戦を5勝6敗で終えた。他にも日本代表を数多く擁するビックカメラ高崎も打撃戦の末、下すことができた。

そして、大垣ミナモの弱さでもある後半戦の戦いに移る。後半戦スタートを9月5日に迎えるはずだった。新型コロナウイルス感染者がチームに出て、試合は延期となった。その後も緊急事態宣言が発出されたために、練習拠点の浅中公園の使用ができなくなった。リーグ戦に復帰したが、勝利の女神に見放され続け6連敗。大敗を喫した試合や経験不足が露呈し接戦を落とした試合が重なった。やっと後半戦7試合目にして連敗を止めた。シーズン2回目となる大垣大会と最終戦に勝利して8勝で終えた（12チーム中10位）。

来年に目を向ける。リーグ運営方式が大きく変わることは前回のコラムで述べた。東京五輪でソフトボール競技は多くの人から注目を浴びた。北京五輪

（２００８年）の時と同じだ。北京五輪後を思い起こす。その年の日本リーグには多くの観衆が詰め掛けた。スタンドには熱気があった。

しかし日がたつにつれ、いつしか熱狂は冷めた。五輪の正式競技から消えたことも大きかった。果たして東京五輪後はどうなるのだろうか。同じように、次のパリ五輪にソフトボール競技はない。同じ道を歩んではいけない。ソフトボール関係者の一致した思いだ。新たに始まるリーグが果たす使命は大きく重い。ソフトボール競技の面白さを伝えること。チームを運営することに社会的・文化的な価値を持たせることも忘れてはいけない視点だ。

（２０２１年12月25日）

社会に笑顔を届けるプレー

「北京五輪の競技中、自分の時にだけ強風が吹いた。でもここで失敗するわけにはいかない。応援してくれている方のためにも精いっぱい頑張るしかない」。揖斐郡池田町出身で北京冬季五輪銅メダルの堀島行真選手から直接聞いた言葉だ。

スポーツが持つ魅力の一つに、多くの人たちに感動や勇気を届ける力があるといわれている。私は、アスリートがどんな困難な状況においても夢を持ち、自分を信じて挑戦を続ける姿こそがスポーツの魅力だと思う。アスリートに限らず、誰しもが夢を持ち、困難に立ち向かう。多くの人たちが、その姿に自分の人生を重ねている。

ここでもう1人、北京五輪に出場した選手の言葉を紹介したい。県出身者ではないがモーグル競技に出場した住吉輝紗良《きさら》選手の言葉だ。「五輪までの4年間、スキーを滑っていて一度たりとも楽しいと思ったことはなかった。自分が生きている意味はどこにあるのだろうとさえ思っていた。でも今日は楽しく滑ることができた」。この言葉から苦悩の日々の中で、もがき苦しみながらも戦い続けたからこその思いが伝わった。そして、選手自身が競技を楽しむことの大切さを感じた。

折しも、今月28日に女子ソフトボールリーグが「ニトリＪＤリーグ」として新たに開幕する。コンセプトは、「ソフトボールで社会に笑顔を！」だ。選手たち自身が競技を楽しむことができてこそ、見ている人たちに笑顔になってもらえる。選手は競技を続けていく中で、数々の挫折を経験する。しかし、その挫折を乗り越え、前を向いて目標に挑戦していく姿が見る人たちの共感を呼ぶのだ。選手の笑顔に励まされ、見る人たちも前を向けるのだ。

大垣ミナモは、今シーズンで日本リーグに参戦して10年の節目を迎える。あらためて言うまでもないが、その道のりは紆余《うよ》曲折の繰り返しだ。1部リーグ昇格の壁に幾度となく跳ね返された。昇格まであと一つのアウトと迫りながらも逆転を許したこともあった。やっと昇格したシーズンもあと1勝が足りずに降格という悲哀も味わった。しかし、大垣ミナモにはたくさんの支えがあった。そこにはたくさんの笑顔があった。笑顔でプレーすることの大切さも肝に銘じた。

大垣ミナモは今までもこれからも地域に愛されるチームとして、地域に笑顔を届けていきたい。大垣ミナモの選手だけではなく、全ての県ゆかりのアスリートたちが、スポーツを通して県民に笑顔を届け続けていくことを期待したい。

（2022年3月26日）

新リーグで「楽しさ」届ける

トップリーグでの戦いに苦しんでいる。ソフトボール女子JDリーグの大垣ミナモの戦いを振り返る。現時点で29試合中、18試合を戦ってきた。先週末の地元大垣での戦いに2連敗した。初日の土曜日は、雨模様の中、多くの方が球場に足を運んでくれた。延長戦までもつれ込む大接戦の展開だったが、満塁本塁打を浴びあえなく敗戦。翌日も中盤まで緊迫した戦いだったが、守備の乱れで失点し連敗を喫した。地元大垣で1勝もできなかったのは、2018年以来のことだ。

その時は初の1部リーグへ昇格した年。2部リーグとは違う力の差に全くなすすべもなく連敗した。大垣ミナモが、日本リーグに参戦したのは2013年。その時以来、毎年大垣でリーグが開催されている。そして、選手たちも地元では、勝つことで日頃の感謝を示そうと意気込んで試合に臨んでいる。当然だが、今回も選手たちの思いは同じ。第10節を終了して7勝11敗。身内に甘いとお叱りを受けるかもしれないが、7勝という勝利数は評価したい。もちろん、この成績に満足はしていない。

ここでもう一つ、運営面から見た新リーグでの苦しみを紹介したい。観客動員数が、当初の想定を大きく下回っているという現状だ。大きな要因としては、コロナ禍が続いていることがある。どのチームもコロナ禍前と比較して企業応援は縮小傾向だ。しかしこのことは、ある程度想定していたことだ。新リーグのコンセプトは、「ソフトボールで社会に笑顔を」だ。地域に笑顔があふれるコミュニティーをつくることも大事な使命としている。

リーグのホームページから引く。「WOW！ EXPERIENCE」として、驚き・感動・ワクワク。思わず笑顔になるような感動体験を届けたい。ソフトボールの「すごさ」や「楽しさ」を感じられる機会を提供し、人々に笑顔を届けま

雨の中、拍手で大垣ミナモSCの選手を応援する来場者＝大垣市八島町、北公園野球場

大垣ミナモホーム戦、雨中の応援

地元で激闘 ファン熱く

女子ソフト

大垣市八島町の北公園野球場で11日開かれたソフトボール女子のJDリーグ第10節大垣ラウンド（岐阜新聞社、岐阜放送後援）。大垣ミナモソフトボールクラブ（SC）は、シオノギ（兵庫県）に延長九回タイブレークの末、5－9で敗れたものの、駆け付けた応援団は雨の中、大きな拍手で選手の健闘をたたえた。

（武藤直子）

球場には666人が来場。一回に近本和加子選手（神鋼造機）のセンター方向へのホームランで先制し、3－4で迎えた七回に長井美侑選手（西濃運輸）がタイムリーヒットを放つと、大垣ミナモSCのスタンドでは、来場者が立ち上がって喜んだ。九回に満塁ホームランを浴びた後も勝利を信じて応援し続けたが連勝はならず、試合終了後うなだれる姿も見られた。

クラブの堤俊彦会長は「先取点を挙げ、今日も逃げ切れるかと思ったが、残念」と述べ、クラブを育てる会の小川信也会長は「しぶといチームになってきている。明日は気持ちを切り替えて頑張ってほしい」と激励した。始球式で投げたTEAM瑞浪ジュニア（瑞浪市）の小栗結乃さん(12)は「ミナモが負けたのは残念だけど、皆で応援できて楽しかった」と話した。

（2022年6月12日岐阜新聞）

す－とある。ソフトボール競技は、東京五輪で、日本中に多くの感動を届けた。新リーグの設立目的も、選手たちのプレーをできるだけ多くの方に会場で見てもらう環境づくりにある。リーグに所属する全ての選手や関係者の思いでもある。われわれには北京五輪の盛り上がりを一過性にしてしまった苦い過去がある。

その反省があってこその新リーグ設立でもある。いかに多くの方に会場にお越しいただくかといった課題解決に向けては、ＪＤリーグに所属する16チームの部長たちと頻繁に話し合いを続けている。

ここで言えることは、ソフトボール競技の普及発展の鍵を握るのは選手たちに他ならないということだ。選手がどんな困難な状況下でも努力する姿勢を失わずに愚直に競技に打ち込むことだ。選手が主役だ。われわれのような脇役は、どんな時も選手たちを支えていくのみだ。

私は今、ソフトボールファンがスタンドを埋め尽くした球場の中で、大垣ミナモが連戦連勝することを思い描いている。

（2022年6月18日）

参戦10年、県都で初公式戦

夏の中断期が終わり、今日から日本女子ソフトボールリーグが再開する。場所は岐阜市の長良川球場。大垣ミナモをはじめ上野由岐子投手を擁するビックカメラ高崎など4チームが熱戦を繰り広げる。今夏も高校野球などスポーツはさまざまなドラマを生んだ。新型コロナウイルス禍が終息しない中ではあるが、いや、そうであるからこそアスリートの躍動は見る者に感動や元気を届けた。

今回の試合は、大垣ミナモにとって長良川球場で行う初めてのリーグ公式戦となる。日本リーグ2部在籍時代を含めて、岐阜県内では、大垣市以外での試合開催は経験がない。果たしてスタンドにどれだけの方にご来場いただけるのだろうか。開催に向け準備する関係者は、岐阜市での開催に一抹の不安を感じている。

もちろん、コロナ禍に終息の兆しが見えない状況下での開催であり、観客と選手らの安全と健康を守ることにも腐心している。

そんな中で、心強い応援者が現れた。岐阜商工会議所会員の方が数多く球場にてご声援をくださるとのこと。またＦＣ岐阜からは宇賀神友弥選手が始球式に登場し、パフォーマンスメンバーもダンスで花を添えてくれる。

振り返れば、ぎふ清流国体のレガシーとして、トップリーグに参戦して10年の時が過ぎた。その節目に岐阜市で公式戦が開催できることを大きな喜びとしたい。大垣ミナモの成長した姿を県都である岐阜の地でもお見せしたい。選手たちは「美濃を制する者は天下を制する」という一節を引き合いにして闘志を新たにしている。ぜひ多くの方々に長良川球場にお越しいただきご声援をお願いしたい。

間もなく本欄が終了となることに伴い、私の担当も今回で終わりとなる。初めて寄稿したのが２０１１年10月。今から12年前。以来、拙稿にもかかわらず多くの方にご高覧いただいた。寄稿は今回を含めて51回を数える。掲載後にはご感想を寄せていただいた。中には「本当にあなたが全部書いているの?」との質問もいただいた。

テーマは一貫してスポーツの魅力。ぎふ清流国体・大会や大垣ミナモについて触れてきた。こんな内容で大丈夫なのか。思いを伝えることができているのか。自問自答。掲載後は反省の繰り返し。紙面を読み直し、落ち込むことも多かった。そんな時の支えは多くの方からの叱咤《しった》激励。深く感謝して筆を置きたい。

(2022年9月3日)

ソフトボール女子JDリーグの試合で、名前をコールされる大垣ミナモソフトボールクラブの選手たち。スタンドには大勢の市民が毎試合詰めかける
(2022年6月、大垣市北公園野球場)

素描

2011 年

未来へつなげる出発点

2012 年

ぎふ清流国体でママでもメダル!!

「途中で力を抜くな。最後までしっかり走れ」。

大垣ミナモソフトボールクラブの練習中に、監督兼選手の伊藤良恵の甲高い声がグラウンドに響き渡る。

大垣ミナモソフトボールクラブは、2012年のぎふ清流国体で、ソフトボール成年女子の強化チームとして結成された。チームには、3人のオリンピックメダリストが所属している。そのうちの1人である伊藤良恵選手は、シドニー五輪で銀メダル、アテネ五輪で銅メダルを獲得した、日本代表選手だった。

彼女は、一昨年までは愛知県にある日本リーグのチームで主軸打者として活躍していた。日本リーグでも十分に通用する力を持っていた。そんな彼女が、岐阜に新たな活躍の地を求めて来てくれた。彼女には5歳になるまな娘がいる。彼女の人生設計の中には、子育てとソフトボールの両立に加えて、仕事をしていきたいという強い思いがあった。

幸いにも、大垣市に本社を置く企業が雇用してくれると声を掛けてくれた。彼女は今、大垣市に住み、早朝に子どもを保育園に送る。その後、仕事とソフトボールの練習をこなす。そしてまた、保育園に迎えに行く生活を送る。しかし、慌ただしい生活にもかかわらず彼女のソフトボールへの取り組みに妥協はない。今年から監督と選手の二足のわらじを履くが、練習量はチームで一番といっても過言でない。ぎふ清流国体で日本一になるという、熱い思いが伝わってくる。

彼女はぎふ清流国体で、「ママでもメダル」を目指して、今日も練習に励んでいる。

（2011年3月3日素描）

病を乗り越え　清流国体へ挑む

「最近、痩せたんじゃない？」。２年前の冬、チーム発足式前日に開催した食事会で、私は大学卒業を目前に控えた下山洋子選手に聞いた。「最近、お腹が痛いんです」。

そうした会話を交わした数週間後に、彼女は病院での検査で卵巣がんであることが判明した。幸い早期発見であるため手術をすれば治るとの診断であった。当然のことながら、下山選手の発足時からのチーム合流は断念しなければならなかった。同時に４月から決まっていた県内での就職も、断らざるを得なかった。

彼女の生活の全ては、がんとの闘いに充てられることになった。

ほどなく、手術は成功したと聞いた。私は安堵《あんど》した。実は彼女こそ、一番最初にチームに入ることが決まった選手であった。彼女が通う大学の一室で、初めて会った時のさわやかな笑顔が印象的であった。

3月のある日、病院から外出が許可された彼女が練習を見学に来た。「私、チームに入れてもらえますか」と彼女からの問いかけに、私は「君はすでにチームの一員だよ」と即答した。現在、彼女は体調を取り戻しチームに合流している。国体優勝へ向けて懸命に練習に取り組んでいる。「今、健康だと思っている人もがん検診は受けた方がゼッタイいいですよ」と彼女は力を込めて言う。

そんな彼女のメッセージを受け、ピンクリボン活動チャリティー試合を行い、がん撲滅への啓発を行う。来る21日午前10時から大垣市北公園野球場で、日本リーグの強豪デンソーと対戦する。ぜひ、多くの方にご観戦いただきたい。

（2011年3月10日素描）

国体での心の交流～民泊体験記

何本もの歓迎のぼり旗。万国旗で華やかに飾られた会場。その周りには出迎えの人の輪。どの人も笑顔と拍手――。1990年、私が初めて生徒を引率して参加したとびうめ国体（福岡県）。大川市の公民館でこんな歓迎セレモニーが繰り広げられた。私たち少年女子の部ソフトボールチームはホテルや旅館ではなく、一般家庭に宿泊する「民泊」をすることになった。

何度も強化合宿を行ってきたチームであったが、民泊は初めての経験。当初は民泊に、私をはじめチーム関係者は少なからず不安を抱いていた。一つの家庭に4人程度に分かれて宿泊することになる。そのことが競技にどのような影響を及ぼすのか。食事の面を含めた体調管理など、心配は尽きなかった。

ところが民泊が始まるとすぐに、私たちの心配は杞憂《きゆう》であることに気付かされた。民泊先の家族が、選手たちをわが子のように迎えてくれた。当時の選手の言葉を今も思い出す。「練習や試合への行き帰りには、いつも行ってらっしゃい、と送り出してくれてるんです」。どの選手も、普段と変わりない生活を送ることができた。

試合を間近に控えた選手たちは、程度の差はあれ不安や緊張感を持っている。自宅にいるような環境が選手に大きな安心感を与えてくれる。わずかな期間の民泊生活であったが、地元の方と心から交流ができた。20年あまり過ぎた今でも、お世話になった民泊先の方と交流を続けている選手もいると聞く。ぎふ清流国体でも揖斐郡揖斐川町、池田町で行われる予定。多くの交流が生まれることを期待したい。

（2011年3月17日素描）

アスリートに今できる事

「アスリートにできる事はまず人を励ます事、影響力を発揮して支援の輪を広げる事」。この言葉は、陸上の為末大選手が自身のブログでアスリートへ呼びかけたものだ。大垣ミナモソフトボールクラブでもこの言葉に賛同し、今月21日に大垣市でチャリティー試合を行った。

当初この試合は、ピンクリボン活動へのチャリティー試合として計画していた。それに加えて震災義援金チャリティー試合として行うことを決めた。チームにも被災地出身の選手が2人いる。家族は大きな被害を受けていないとのことだが、郷土の被害の大きさに動揺は隠せない。

私はチーム結成後から言い続けている。「アスリートとしての自覚を持とう。具体的にはソフトボール競技を愛し、発展に力を尽くそう。社会に貢献し、地域から愛される存在でいよう」。私たちに義援金を集める影響力がどのくらいあるか分からない。しかしできる範囲でやろうと考えた。

試合当日の朝は、前日からの雨が降り続いていた。通常なら中止の判断をしたであろう。しかし何とか試合をしたかった。この試合はチーム力の強化が目的ではない。ソフトボールを通して、被災地の方を励ますことができたらという強い思いだ。関係者も同じ気持ちであった。

試合開始は大幅に遅れたが、多くの方が観戦に訪れてくれた。義援金も予想以上に集まった。選手の1人が試合後に話した。「被災地の人を励まそうと思うと、自分自身も誰かから励まされているような気がしました」。人は助け合いながら生きているんだとあらためて思った。

（2011年3月24日素描）

冬のサクラ

「寒さに凍える桜の木も、春に美しい花を咲かせるための準備しているのだ」――。時は1月下旬。チームの練習場所である大垣市浅中公園にある桜の木を見ながら選手に話す。冬の浅中公園は、伊吹おろしが強く吹き抜ける。練習が始まるのは午後4時少し前。選手たちは、寒さと戦いながら練習に励む。

オフシーズンの練習内容は、体力強化が重点。息を切らしながらの練習は、見ている者にも厳しさが伝わってくる。国体では、日本リーグでプレーしている選手と戦わなければならない。日本一を目指すなら、日本一の練習をしなければならない。オフシーズンの練習の重要性は選手たちも十分にわかっている。だからこそ、ハードな練習メニューにも前向きに取り組んでいる。

そんな選手たちに励ましの意味も込めて、冒頭の言葉を贈った。国体では、多くの人たちが観戦に訪れていただけるだろうが、オフシーズン中の練習を見学に訪れる人はほとんどいない。グラウンドには選手の絶叫にも近い声が響くのみである。私は寒さの中、必死にトレーニングに励む選手の姿に、冬に見る桜の木と似たものを感じてしまう。

ようやく厳しかった冬も終わり、浅中公園の桜も間もなく満開の花を咲かせるだろう。ぎふ清流国体への参加を目指す県選手も、幾多の困難を乗り越えて天皇杯・皇后杯獲得という、大きな花を咲かせてほしい。

明日からは２０１１年度が始まる。国体開催までの残された日数は一日一日と少なくなっていく。国体優勝に向けての基礎を固める年度としたい。

（２０１１年3月31日素描）

婚活への選球眼

「私の婚活もよろしくお願いします」。増淵まり子選手が愛らしい笑顔を振りまきながら、参加者の笑いを誘った。県内のスポーツ関係者が集まった懇談会でのことだ。大垣ミナモソフトボールクラブに所属する選手は21人。職業は会社員、教員、団体職員などさまざまだ。ありがたいことに、所属先からの活動に対する支援は最大限だ。

大垣市や瑞穂市に住み、平日は仕事を終えてグラウンドに集まる。練習は、通常午後8時近くまで続く。それから自宅に帰り、夕食の準備や洗濯など慌ただしい毎日を過ごす。シーズン中の土曜、日曜は遠征試合で県外へ出かけることも多い。

そんな彼女たちだが、人生のプランはしっかり持っている。いや、そんな彼女たちだからこそと言うべきなのかもしれない。県に縁もゆかりもなかった選手も、今は岐阜を永住の地と考えている。彼女たちは結婚や出産といったライフプランも描いている。もちろんその前に、ぎふ清流国体での優勝を成し遂げるという大きな目標があることは言うまでもない。今は仕事とソフトボールに明け暮れる毎日だが、自分の人生をしっかりと見つめている。このことが彼女たちの大きなパワーの源になっている。

増淵選手が私に何度も話してくれる。「占いによると、ぎふ清流国体の年に素敵な男性と出会うことになっているんです」と。そう話す彼女の表情は、試合で見せる厳しい顔つきからは想像できないくらいの笑顔満面である。「部長さんのような男性と結婚したい」と言わないところが、選球眼の素晴らしいところであることを付け加えておきたい。

（2011年4月7日素描）

はばたけ、未来へ

「晴れわたる日にも 星降る夜にも　空に描いた あの夢は　だいじょうぶだよ
見てごらん空を　あすを 信じて さぁゆこう」
　これはぎふ清流国体・大会ソング「はばたけ、未来へ」（作詞・作曲 古川今／補作詞 小島紀夫）の歌詞の一節である。私はこの一節をよく口ずさむ。先日も練習が終わるころ、ふと空を見上げた。星がきれいに輝いていた。ぎふ清流国体で日本一を目標に掲げ練習に励む選手たちの中に、不安や焦りといった気持ちがあることは容易に想像できるが、いまだ私は彼女たちから、この目標への不安を直接聞いたことがない。
　ある指導者からこんな言葉を聞いた。「夢は逃げていかない。自分から逃げていくから夢は遠ざかる」。私も国体で勝てるのだろうかと不安になることがある。

クラブ全員の気持ちは、ぎふ清流国体での優勝を応援していただいた方々に報告したいという、強い信念で一致している。

ただ勝負の世界に限ったことではないが、努力が必ずしも実を結ぶ保証はどこにもない。重苦しい気持ちが私を襲う。そんな時に私は、冒頭の歌詞の一節を口ずさむ。空を眺めて、明日を信じて頑張ろうと思い、ノックバットを握る。

歌詞にはこんな一節もある。「耳をすませば　ふるさとがほら　応援してるとミナモが歌う」。来年、約3万人の選手が全国から岐阜に集結する。今、日本人の誰もが、人と人とのつながりの大切さを身に染みて感じている。被災地からも多くの選手が出場する。ふるさとからの声援が選手に大きな力を与えてくれるはずだ。そう思うと、私の弱気な心はうんと軽くなる。

（2011年4月14日素描）

メダリスト3人の文殊の知恵

「私、学校の教員になりたいんです。そしてオリンピックで学んだことを子どもたちに伝えたいんです」。そう話す彼女との出会いは、偶然に等しかった。彼女の名は藤本索子《もとこ》。北京五輪で金メダルを獲得した女子ソフトボール日本代表選手だ。2年前、私はチーム結成のため、選手を求めて全国各地を訪ね歩いていた。秋頃までにはシドニー五輪銀メダリストの伊藤良恵、増淵まり子をはじめとする、十数人がチームに加入することが決まっていた。

しかし、オリンピックのメダリストをもう1人加入させることを真剣に考えていた。今思えば、実績もないチームにメダリストを加入させるなどと大それたことをよく考えていたものだと思うが、彼女たちの力を生かすには2人ではなく3人必要だと考えていた。このことは「三本の矢」や「三人寄れば文殊の知恵」といったことわざが教えてくれている。

話を出会いの場に戻す。時は11月。日本リーグの決勝トーナメント会場で、共通の知人を介して出会った。当然ながら面談する約束などしていない。というより、その時まで彼女へチーム勧誘の話をすることなど想像すらしていなかった。彼女は屈託のない笑みで私を迎えてくれた。

教員になりたいことや、ソフトボールで培った経験を子どもたちに伝えたいこと—。彼女から熱い思いが伝わってきた。ほどなく、彼女のチーム入りも決まった。

彼女は今春から高校教諭として教壇に立っている。３人のメダリストが若手選手に技術面だけでなく、精神面でも文殊の知恵を発揮してくれているのは言うまでもない。

（２０１１年４月21日素描）

ぎふ清流国体・大会が果たす役割

「元気で頑張っています。ご心配をおかけしました」。やっと通じた電話の相手は、仙台市の東北福祉大学ソフトボール部の舟山健一監督だ。私は東日本大震災後、安否確認で何度も電話をかけていたが、なかなか通じなかった。彼に状況を聞くと選手は全員無事で、練習も短時間だが再開できたという。しかし監督である彼だけは、今なお被災現場でがれき除去などの作業に当たっているという。

私は自分の座右の銘である「寒水魚大《かんすいぎょだい》」を彼に伝えた。魚は冷たい水の中で大きく育つように、人間も厳しい境遇を乗り越えて成長するという意味だ。私はこの言葉を、北京五輪ソフトボール日本代表金メダル獲得祝賀会で、かつての名スキーヤー猪谷千春氏から聞いた。舟山監督もこの言葉を理解し、復興への力強い気持ちを私に伝えた。

本欄に寄稿して2カ月。わがクラブの紹介を含め来年のぎふ清流国体・大会への応援メッセージをテーマにしてきた。今回でその役割を終える。その間に東日本大震災が起きた。スポーツ界も多くの試合が中止や延期になった。こうした時、アスリートにできることは何なのか考えさせられた。テレビから「日本の力を信じている」というメッセージが幾度となく流れている。

わがクラブも復興支援チャリティー試合を開催したり、練習時の照明の使用を控えたりと、微力だが行動を起こした。これからは復興に向けた確実な歩みが日増しに示されていくであろう。ぎふ清流国体・大会が、復興への大きな歩みを内外に示すスポーツイベントになればと願い、筆を置きたい。

（2011年4月28日素描）

未来へつながる出発点　上

—10月6日、大垣市浅中公園。数え切れないほどのぎふ清流国体ののぼり旗がたなびく会場には、想定をはるかに上回る観客が詰め掛けた。大垣ミナモソフトボールクラブを主体としたソフトボール成年女子チームは、最高の舞台で戦いに臨んだ。成績は5位。優勝には届かなかったが、「地域に愛されるチーム」をコンセプトに「国体を一過性に終わらせず活動を継続」を掲げて活動してきた日々を、栗山利宏同クラブ部長に振り返ってもらった。

地域に溶け込み活動

大垣ミナモソフトボールクラブの結成は2010年2月。国体まで残された期間は3年を切っていた。国体で戦えるチームが結成できるのだろうか。関係者の心配は大きかった。当然である。チーム編成を任された私自身が不安でいっぱいだったのだから。

西濃地区に本社を置く企業をはじめ県体育協会や県ソフトボール協会など多くの方々の熱意が後押ししてくれた。何とか16人の選手が集まった。しかも、その中にはオリンピックのメダリスト3人がいる。チーム全員が集まった時に伝えたことがある。チームの戦力を高めることに加え、「地域に愛されるチーム」になるということ。その後、小中学生を対象にした講習会や地元の方と一緒に実施した清掃活動。地域に溶け込む努力を続けた。

結成1年余り過ぎたころ、東日本大

ぎふ清流国体・大会マスコットキャラクター「ミナモ」を囲み、発足式でポーズを取る大垣ミナモソフトボールクラブの選手たち
(2010年2月1日、大垣市民会館)

震災が起きた。「絆」や「スポーツの持つ力」という言葉が何度も聞かれるようになった。われわれが目指す地域に愛される活動が、地域の絆づくりの一助となり、見る人たちに勇気と元気を与えることになるのだ。

われわれの地域に愛される活動はまだ道半ば。これからの活動によって、大垣ミナモソフトボールクラブの存在意義が問われることになる。

（2012年12月26日）

未来へつながる出発点　下

複数企業が運営の柱

大垣ミナモソフトボールクラブは、来年度から日本リーグに参戦する。ぎふ清流国体を一過性のイベントにせず、地域のスポーツ振興の一翼を担う。国体を契機に生まれた、複数企業が選手を雇用しクラブを支える「岐阜方式」が、チーム運営の柱だ。

近年は、日本の経済低迷によって、企業がスポーツ部の運営から撤退する例は少なくない。ソフトボール界においても、来年度からの撤退を決めたチームが複数ある。こうした状況の中、岐阜方式によるチーム運営が多方面から注目を浴びている。

昨年、国会議員立法によって施行された「スポーツ基本法」の理念には「スポーツは、人と人、地域と地域の交流を促進し、地域の一体感や活力を醸成する」とある。「スポーツが持つ力」は、スポーツをする人だけでなく、見る人や支える人にまで及ぶのだ。

ぎふ清流国体・大会は、100万人を超える大交流の舞台となった。選手や競技関係者、観覧者だけではない。ボランティアや開・閉会式に出演した人たちら、大会を支える人が数多くいた。両大会を通じて新たに生まれた交流は数多くある。地域の活力もより強くなったはずだ。

現在、クラブでは新規加入選手の受け入れ準備をしている。複数企業がクラブを支えるが故に、

ぎふ清流国体ソフトボール競技で、スタンドを埋め尽くして応援する観衆
（2012年10月6日、大垣市浅中公園）

企業間での調整に力を注いでいるが、課題は山積している。例えば、就業時間など勤務条件の統一をどこまで図るかなど。幸いなことに、いずれの課題も雇用企業の理解に助けられ、一つずつクリアされている。

岐阜方式によるクラブ運営が地域に受け入れられ、愛されてこそ、「スポーツ基本法」の理念を具現化できる。そして、ぎふ清流国体が、「未来につながる大会」であったことが証明できると考えている。

（２０１２年12月27日）

栗山 利宏（くりやま・としひろ）

1961年生まれ。大垣ミナモソフトボールクラブ専務理事兼ゼネラルマネジャー。2021年開催の東京五輪ソフトボール競技ではテクニカルコミッショナーとして競技運営を担った。このほか日本女子ソフトボールリーグ機構理事などを務める。日本スポーツ協会コーチデベロッパーとして、競技の枠を超えた指導者の育成に当たる。

ぎふ清流国体
栗山GMのレガシーづくり

発行日　2023年1月15日
著者　栗山 利宏
発行　株式会社岐阜新聞社
編集・制作　岐阜新聞情報センター出版室
〒500-8822
岐阜市今沢町12 岐阜新聞社別館4階
電話 058-264-1620（出版室直通）
印刷　岐阜新聞高速印刷株式会社

※価格はカバーに表示してあります。
※乱丁本、落丁本はお取り替えします。

ISBN978-4-87797-316-2
JASRAC 出 2208588-201